금사로 수놓는
보석 같은 알파벳 자수

금사로 수놓는
보석 같은 알파벳 자수

Alphabet Embroidery

김수현 지음

팜파스

BEST
LOVE
Alphabet

prologue

어디에 적용해도 실용적이면서
아름다움을 잃지 않는 알파벳 자수

알파벳 자수의 시작은 비교적 시간이 많이 드는
매트 작업을 하던 중에 문득 생각이 났어요.
'짧은 시간 안에 완성할 수 있는 작업을 하고 싶다.'
매트 작품 중에 펜던트 모양의 패턴에서 모티브를 따서
'보석이 모여 이루어진 알파벳을 수놓아 보자'라는 생각을 했어요

그렇게 알파벳 자수를 시작하게 되었고
한 글자씩 완성되어가는 과정에서 느꼈던 재미와
만족도가 무척 높았던 것 같아요.
52가지 알파벳을 끝까지 집중력 있게 완성할 수 있었던
이유이기도 해요.

작업실에서 우연히 시선을 돌리다 보게 되는 알파벳 자수는
사진에 담을 수 없는 반짝임과 아우라가 있어요. 이 책을 통해
같이 수놓고 함께 느껴보고 싶어요.

알파벳 자수를 보며 많은 호응과 응원해주신 모든 분께
감사의 인사를 전해요.
두 번째 책을 기획해주신 팜파스 이진아 실장님께도 감사드려요.
감사합니다.

애기할멈

Alphabet Embroidery

Contents

BASIC
시작하기
전에

PART
01
대문자

Big Letter

030  034  036  038  040  042  044

046  048  050  052  056  058  060

062  064  066  068  070  074  076

078  080  082  084  086

PART
02
소문자

Small Letter

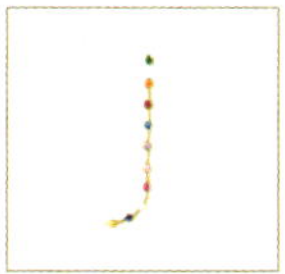

Alphabet Embroidery

BASIC
시작하기
전에

Letter

Basic 01

| 자수에 필요한 도구와 재료 |

Size 1
John James
Embroidery
Diamant
Diamant

○ 자수틀 나무 수틀, 고무 수틀을 주로 사용합니다. 나무 수틀은 나무의 특성상 휘어질 수 있으니 천을 골고루 잡을 수 없는 경우에는 타래실이나 자투리 천을 틀에 감아 사용합니다.

○ 천 린넨이 자수하기 가장 이상적인 원단이지만 20수/10수의 면, 옥스포드, 샤, 오간디와 같은 원단도 활용할 수 있습니다.

○ 트레이싱지 도안을 베끼는 반투명의 얇은 종이로 책에 있는 도안을 연필로 베낄 때 사용합니다.

○ 초크 페이퍼와 철필 트레이싱지에 있는 도안을 천에 옮길 때 사용하며 초크 페이퍼는 먹지로 대체할 수 있습니다. 어두운 색의 천은 흰색 초크 페이퍼를 사용합니다.
철필은 볼펜으로 대체할 수 있는데 복잡한 도안일 경우 빠짐없이 따라 그렸는지 확인할 수 있도록 빨간색 볼펜을 사용합니다.

○ 자수바늘 프랑스 자수용 바늘을 사용합니다. 실의 가닥 수에 따라 적합한 사이즈가 있습니다.

○ 자수용 가위 실만 자르는 용도이므로 크기가 작고 날이 잘 드는 자수용 가위를 사용합니다. 쪽가위로 대체할 수 있습니다.

○ 자수실 이 책에는 주로 DMC 25번사와 라이트 이펙트사, 디아망뜨를 사용했습니다.
DMC 25번사와 라이트 이펙트사는 한 타래가 총 6가닥으로 필요한 가닥 수만큼 뽑아서 사용합니다.
라이트 이펙트사는 탄성이 없고 뻣뻣하여 하나로 모아지지 않아 다루기 어려운 실입니다. 2가닥으로 스티치할 때 가닥 수보다 넉넉한 사이즈의 바늘을 선택합니다.

○ 실 끼우개 굵은 실을 바늘에 꿸 때 사용하면 편리합니다.

○ 수성펜 물이 닿으면 지워지는 펜으로 원단에 도안을 직접 그리거나 자수 도중 수정하고 싶을 때 사용합니다.

Basic 02

| 자수를 시작하기 전에 |

도안 옮기기

01 도안 위에 트레이싱지를 올려놓고 연필로 따라 그리세요.

02 천 위에 도안이 그려진 트레이싱지를 올리고 그 사이에 먹지를 끼워 넣으세요. 이때 초크가 묻은 면이 천과 닿도록 합니다. 철필(또는 볼펜)로 눌러가며 따라 그리고, 만약 너무 흐리게 옮겨졌다면 수성펜으로 덧그리세요.

○ 시작 매듭짓기

01 실의 긴 쪽 끝을 검지 끝에 올려놓고 바늘로 누릅니다.

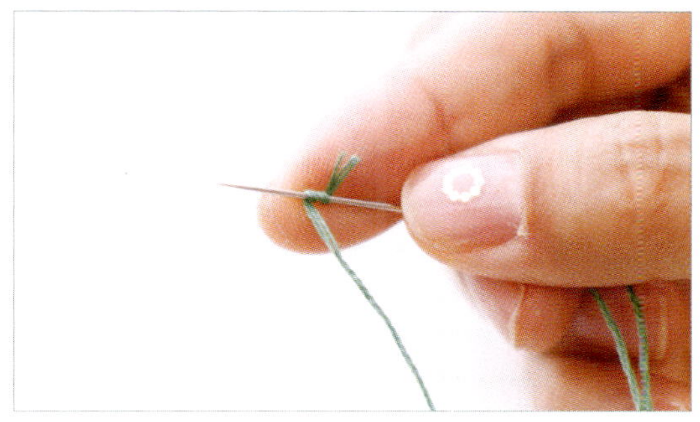

02 바늘에 실을 한두 번 감습니다. 감은 실을 엄지와 검지로 살며시 잡고 바늘을 빼내면서 당깁니다.

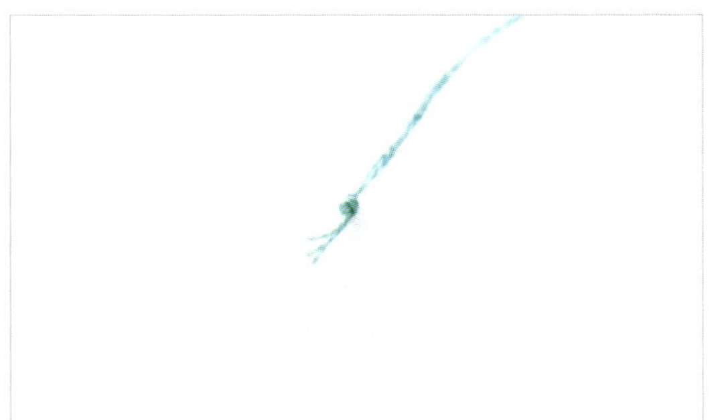

03 매듭이 완성되었어요.

○마무리하기

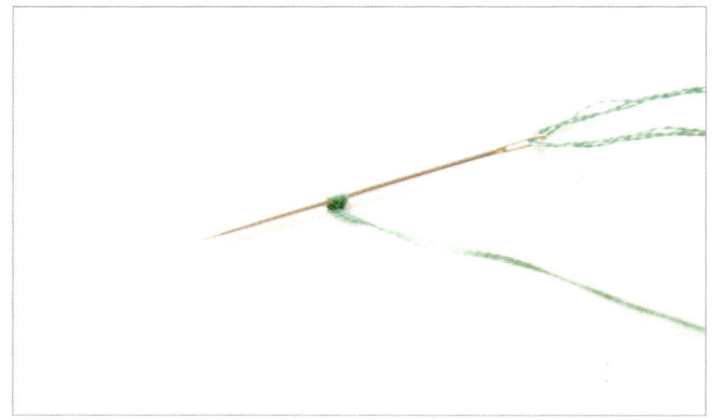

01 바늘에 실을 2회 정도 돌려 감아 천에 딱 붙도록 해 주세요.

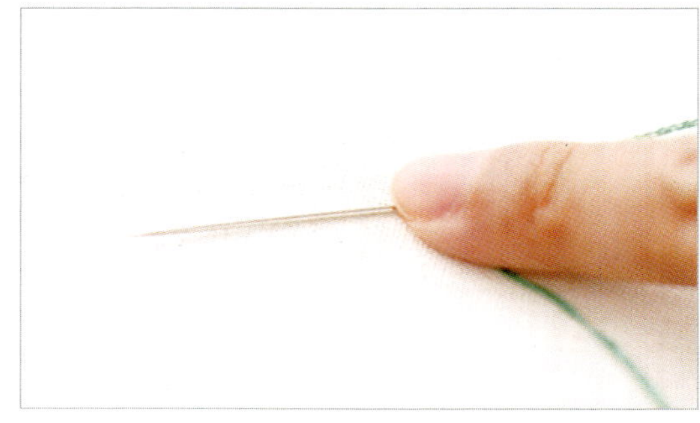

02 감은 실을 손가락으로 누르면서 바늘을 빼내세요.

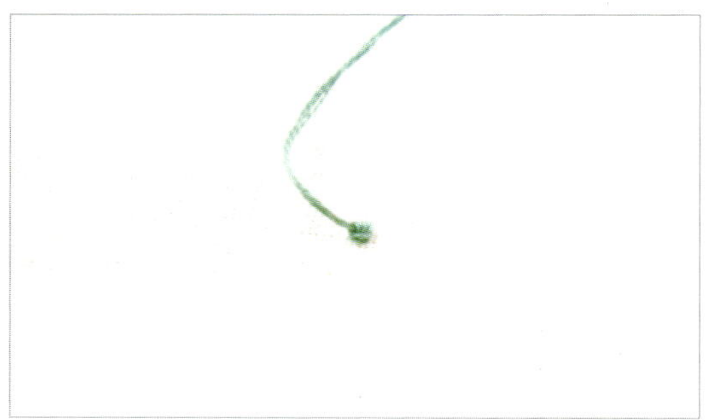

03 매듭지어진 모습이에요.

04 실을 잘라주면 마무리 매듭 완성입니다.

Basic 03

| 자수 작업을 위한 팁 |

금사 소개

○ 디아망뜨

디아망뜨 D3852는 라이트 이펙트사인 E3852보다 표면이 매끄럽고 두께가 두꺼우며 좀 더 밝은 느낌의 금사입니다. 가격이 E3852보다는 두 배 높아 숙달된 후에 사용해도 됩니다.

○ 라이트 이펙트사

라이트 이펙트사 E3852는 D3852보다 두께가 얇고 전형적인 금색으로 금빛 표현에 효과적이며 가성비가 좋은 금사입니다.

책에서는 D3852를 사용하였는데 E3852로 대체 가능합니다.

라이트 이펙트사 E3852는 6가닥으로 이루어져 있어 사용할 때 한 가닥씩 뽑아 사용합니다.

6가닥으로 이루어진 E3852

1가닥씩 뽑아 사용

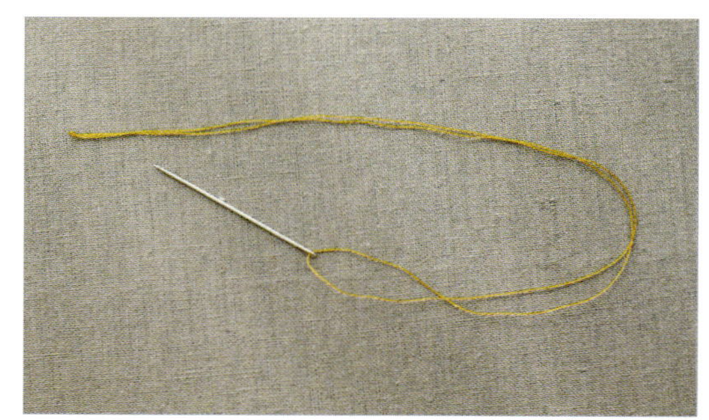

2가닥으로 자수할 경우 실 한 가닥을 짧게(약 50cm) 잘라서 바늘에 꿰고 반으로 접어 매듭을 지어주세요.
보통은 실 굵기에 따라 바늘 호수를 정하지만 금사나 은사의 경우는 좀 더 굵은 바늘귀를 사용하는 것이 작업에 용이합니다.

01 포도알 도안을 옮길 때 동그라미를 여러 개 그릴 필요 없이 외곽선만 그려주세요.

02 도안의 외곽을 먼저 수놓아요.

03 비어 있는 부분은 바깥쪽에서 중심을 향해 수놓아주세요.

Basic 04

| 이 책에 사용한 스티치 |

레이지 데이지 스티치

꽃잎과 나뭇잎을 간단히 수놓을 수 있는 스티치입니다.

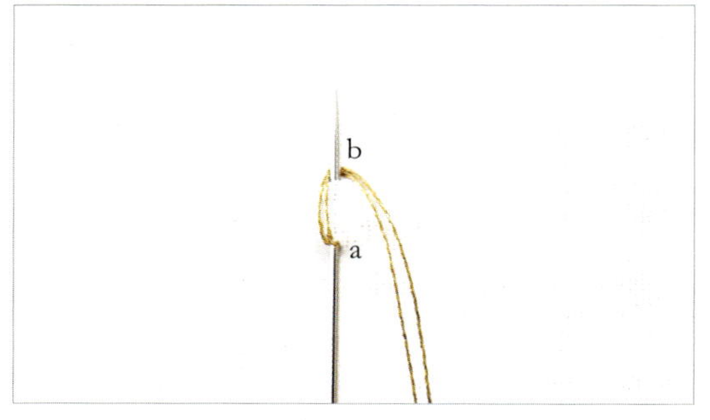
b
a

01 a에서 바늘을 빼주고 다시 a로 들어가 고리를 만든 후 b로 빼줍니다.

02 고리를 고정시킵니다.

03 완성된 모습입니다.

백 스티치

깔끔하고 뚜렷한 선을 표현할 때 사용하는 스티치입니다.

d c a b

01 a에서 바늘을 빼주고 b에서 넣기와 c빼기, 다시 a로 넣어 d에서 빼기를 반복합니다.

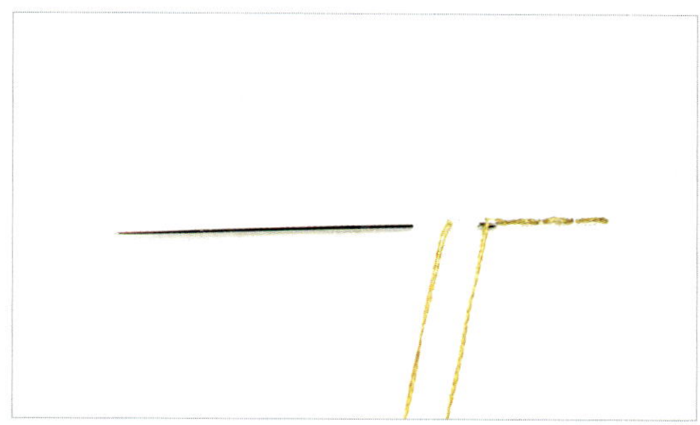

02 균일한 땀 길이를 유지하며 땀 사이가 끊어지지 않게 수놓습니다.

03 완성된 모습입니다.

새틴 스티치

면을 채우는 가장 대표적인 스티치입니다. 자수결의 방향도 무늬가 될 수 있습니다.

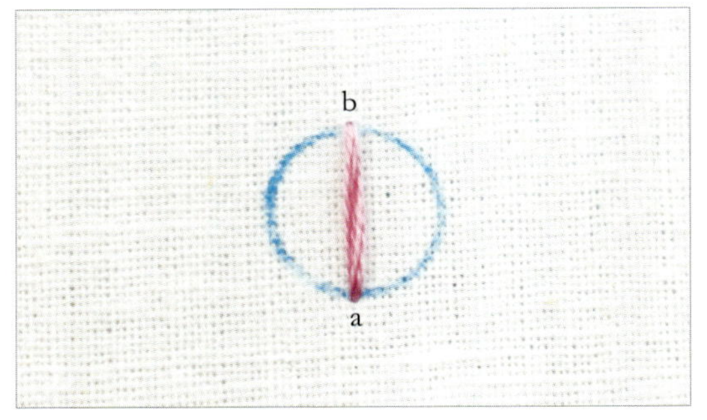
b
a

01 a에서 바늘을 빼주고 b로 넣어줍니다. 중심에서 가장자리를 향해 절반씩 수놓습니다.

02 완성된 모습입니다.

스트레이트 스티치

짧은 선을 표현하기 좋고 다른 스티치와 매치하면
복잡한 무늬도 쉽게 수놓을 수 있는 활용도 높은 스티치입니다.

b
a

01 a에서 바늘을 빼주고 b로 넣어줍니다.

02 한 번 더 스트레이트 스티치를 해줍니다.

03 앞의 과정을 반복합니다.

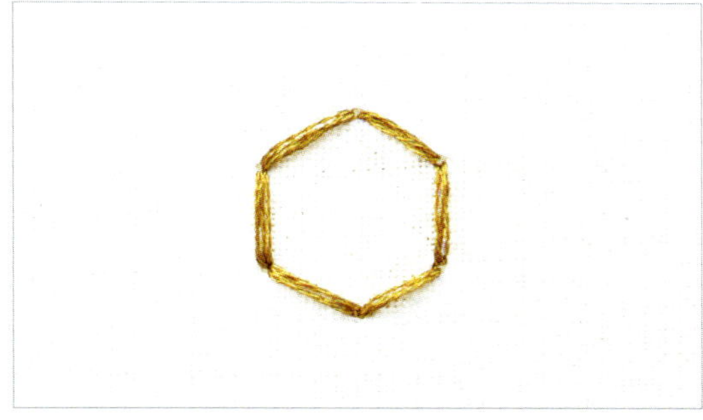

04 완성된 모습입니다.

스플릿 스티치

복잡한 선을 표현하거나 면을 채울 때 쓰이는 스티치입니다.
면을 채웠을 때 체인 스티치와 비슷한 모양이 됩니다.

01 원하는 길이만큼 한 땀 수놓습니다.

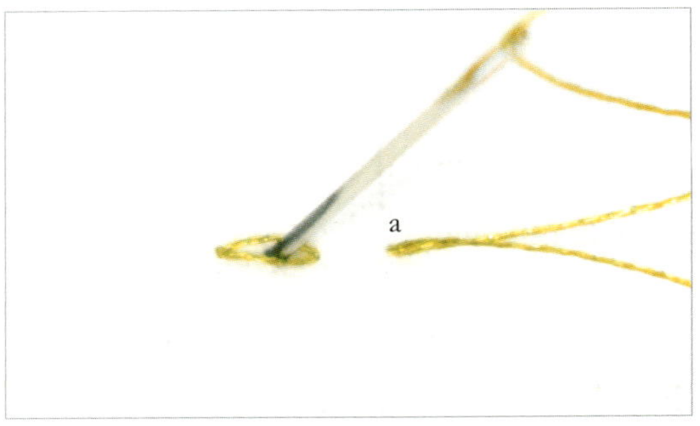
a

02 a로 나와서 앞에 수놓았던 땀의 반을 가르듯이 땀 사이에 바늘을 넣어줍니다.

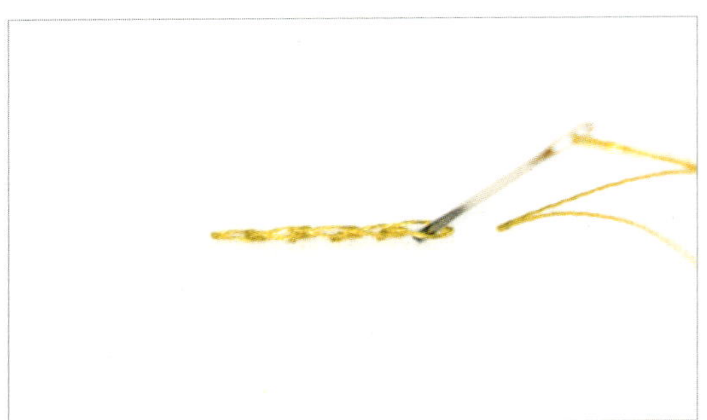

03 앞의 과정을 반복합니다.

아우트라인 스티치

곡선과 복잡한 선을 표현할 때 사용하는 스티치입니다.

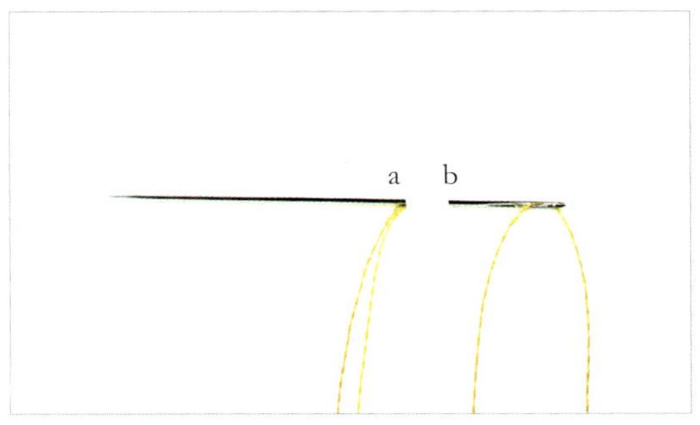
a
b

01 a에서 바늘을 빼주고 b에서 넣은 후 다시 a에서 빼줍니다.

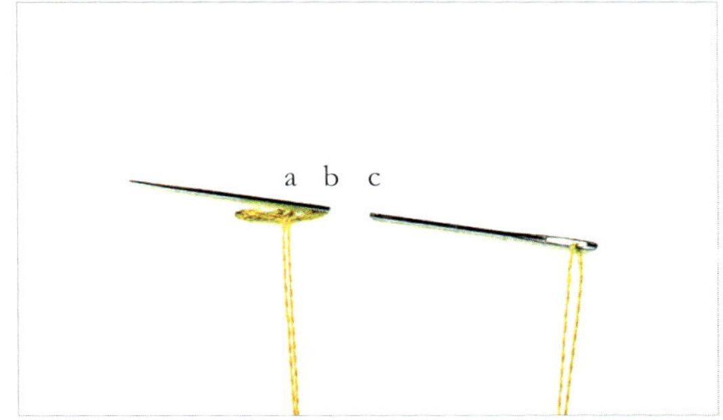
a b c

02 실을 밑으로 두고 c에서 넣고 b에서 빼기를 반복하며 땀을 겹쳐 나가면서 수놓습니다.

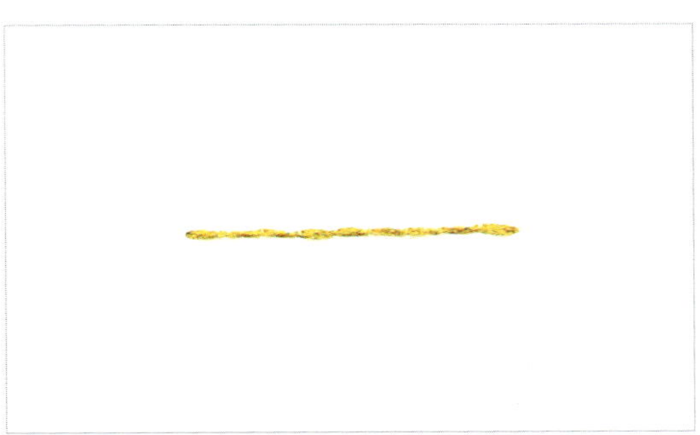

03 완성된 모습입니다.

프렌치 노트 스티치

독립적으로 쓰기에도 좋고 면을 채우기에도 좋은 스티치입니다.

01 실을 바늘에 감아줍니다. 실이 나왔던 곳 근처로 다시 바늘을 넣고 매듭이 원단에 밀착되도록 매듭을 유지하며 원단 뒤로 바늘을 빼냅니다.

1회
2회

02 완성된 모습입니다.
실을 바늘에 1회 감았을 때와 2회 감아 프렌치 노트 스티치했을 때의 모습입니다.

프렌치 노트 스티치+스트레이트 스티치

작은 구슬 모양을 만들어주는 스티치입니다.

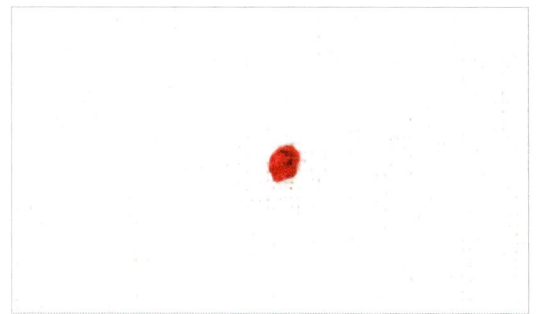

01 프렌치 노트 스티치를 해줍니다.

02 근처로 나와 스트레이트 스티치로 프렌치 노트를 감싸줍니다.

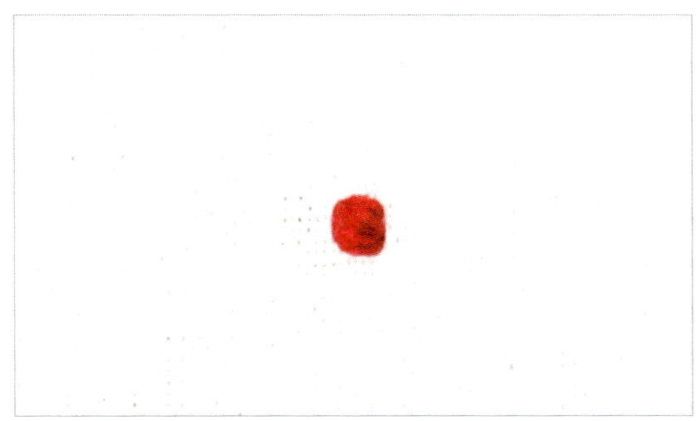

03 완성된 모습입니다.

Alphabet Embroidery

PART
01

대문자

Big Letter

A

대 문 자

사용한 원단	린넨(화이트)
사용한 실	DMC 디아망뜨 : D3852(E3852로 대체할 수 있습니다.)
	DMC 25번사 : 210, 225, 304, 341, 413, 452, 762, 928, 3743, 3753, B5200
사용한 스티치	레이지 데이지 스티치, 새틴 스티치, 스트레이트 스티치, 스플릿 스티치, 아우트라인 스티치, 프렌치 노트 스티치

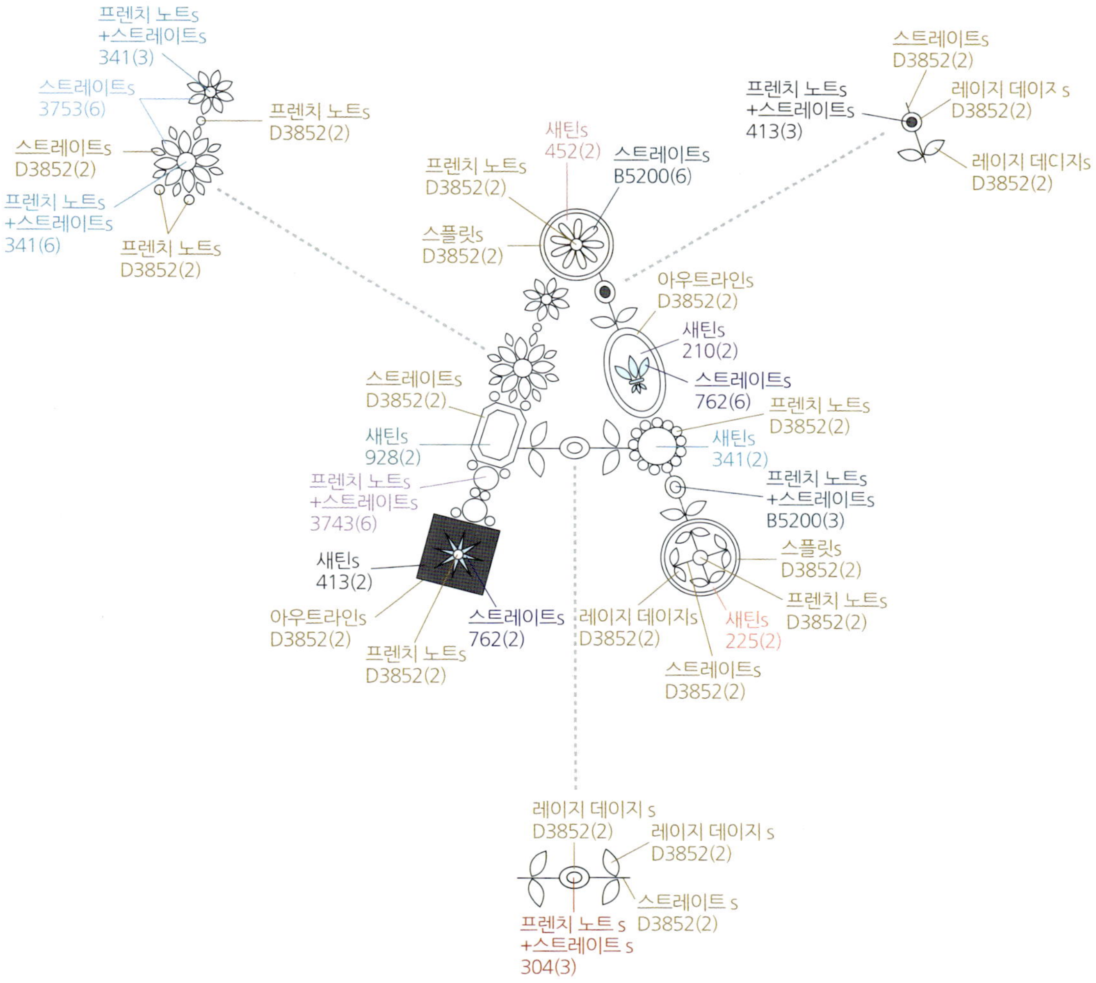

프렌치 노트s
+스트레이트s
341(3)

스트레이트s
3753(6)

프렌치 노트s
D3852(2)

스트레이트s
D3852(2)

프렌치 노트s
+스트레이트s
341(6)

프렌치 노트s
D3852(2)

스트레이트s
D3852(2)

프렌치 노트s
+스트레이트s
413(3)

레이지 데이즈 s
D3852(2)

레이지 데이지s
D3852(2)

새틴s
452(2)

스트레이트s
B5200(6)

프렌치 노트s
D3852(2)

스플릿s
D3852(2)

아우트라인s
D3852(2)

새틴s
210(2)

스트레이트s
762(6)

스트레이트s
D3852(2)

프렌치 노트s
D3852(2)

새틴s
928(2)

새틴s
341(2)

프렌치 노트s
+스트레이트s
3743(6)

프렌치 노트s
+스트레이트s
B5200(3)

새틴s
413(2)

스플릿s
D3852(2)

아우트라인s
D3852(2)

스트레이트s
762(2)

레이지 데이지s
D3852(2)

새틴s
225(2)

프렌치 노트s
D3852(2)

프렌치 노트s
D3852(2)

스트레이트s
D3852(2)

레이지 데이지 s
D3852(2)

레이지 데이지 s
D3852(2)

스트레이트 s
D3852(2)

프렌치 노트 s
+스트레이트 s
304(3)

도안 설명은 스티치→실 번호→(실의 가닥 수)로 표기했습니다.
예) 새틴s 928(2) : 928번 실 2가닥으로 새틴 스티치를 합니다.

B

대 문 자

사용한 원단 린넨(화이트)

사용한 실 DMC 디아망뜨 : D3852

DMC 25번사 : 304, 341, 413, 550, 746, 762, 928, 3743, 3753, B5200

사용한 스티치 레이지 데이지 스티치, 백 스티치, 새틴 스티치, 스트레이트 스티치, 스플릿 스티치, 프렌치 노트 스티치

수놓기

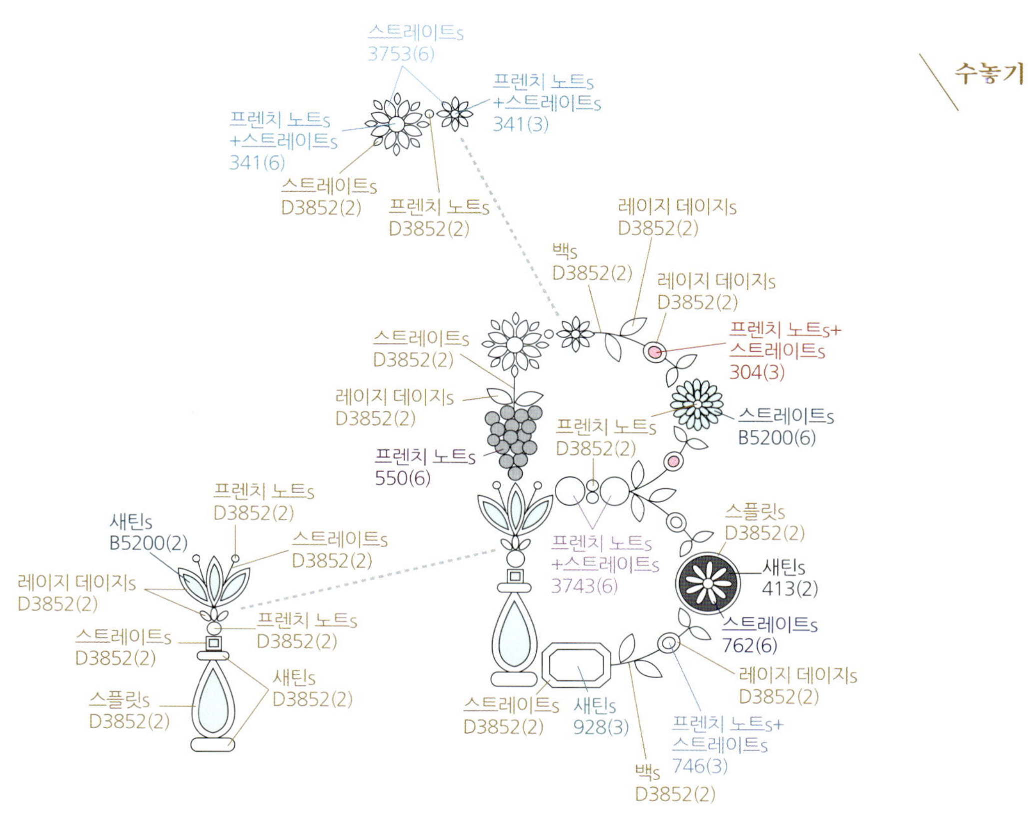

스트레이트s
3753(6)
프렌치 노트s
+스트레이트s
341(3)
프렌치 노트s
+스트레이트s
341(6)
스트레이트s
D3852(2)
프렌치 노트s
D3852(2)
레이지 데이지s
D3852(2)
백s
D3852(2)
레이지 데이지s
D3852(2)
프렌치 노트s+
스트레이트s
304(3)
스트레이트s
D3852(2)
레이지 데이지s
D3852(2)
프렌치 노트s
D3852(2)
스트레이트s
B5200(6)
프렌치 노트s
550(6)
프렌치 노트s
D3852(2)
새틴s
B5200(2)
스트레이트s
D3852(2)
스플릿s
D3852(2)
프렌치 노트s
+스트레이트s
3743(6)
새틴s
413(2)
레이지 데이지s
D3852(2)
프렌치 노트s
D3852(2)
스트레이트s
D3852(2)
스트레이트s
762(6)
새틴s
D3852(2)
레이지 데이지s
D3852(2)
스플릿s
D3852(2)
스트레이트s
D3852(2)
새틴s
928(3)
프렌치 노트s+
스트레이트s
746(3)
백s
D3852(2)

도안

도안 설명은 스티치→실 번호→(실의 가닥 수)로 표기했습니다.
예) 새틴s 928(2) : 928번 실 2가닥으로 새틴 스티치를 합니다.

C

대문자

사용한 원단 린넨(화이트)

사용한 실 DMC 디아망뜨 : D3852

DMC 25번사 : 210, 211, 304, 341, 413, 762, 772, 3753, B5200

사용한 스티치 레이지 데이지 스티치, 백 스티치, 새틴 스티치, 스트레이트 스티치, 스플릿 스티치, 아우트라인 스티치, 프렌치 노트 스티치

수놓기

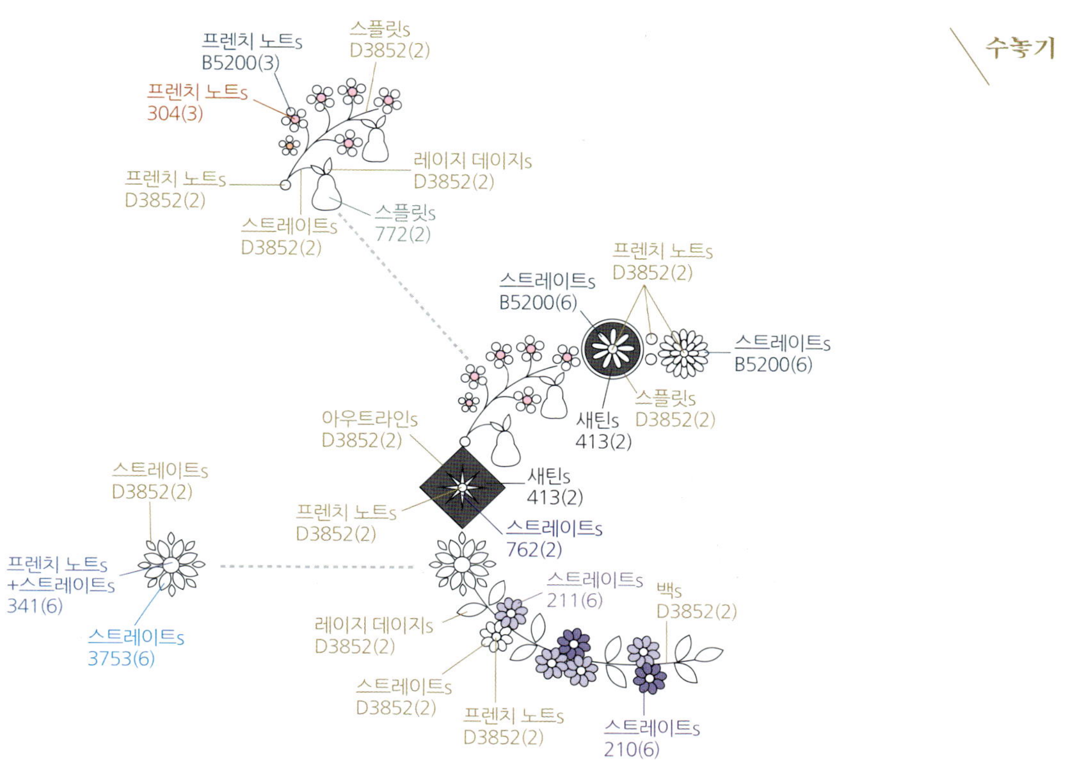

프렌치 노트s
B5200(3)
스플릿s
D3852(2)
프렌치 노트s
304(3)
레이지 데이지s
D3852(2)
프렌치 노트s
D3852(2)
스플릿s
772(2)
스트레이트s
D3852(2)
프렌치 노트s
D3852(2)
스트레이트s
B5200(6)
스트레이트s
B5200(6)
스플릿s
D3852(2)
새틴s
413(2)
아우트라인s
D3852(2)
새틴s
413(2)
스트레이트s
D3852(2)
프렌치 노트s
D3852(2)
스트레이트s
762(2)
프렌치 노트s
+스트레이트s
341(6)
스트레이트s
3753(6)
스트레이트s
211(6)
백s
D3852(2)
레이지 데이지s
D3852(2)
스트레이트s
D3852(2)
프렌치 노트s
D3852(2)
스트레이트s
210(6)

도안

도안 설명은 스티치→실 번호→(실의 가닥 수)로 표기했습니다.
예) 새틴s 928(2) : 928번 실 2가닥으로 새틴 스티치를 합니다.

D

대문자

사용한 원단 린넨(화이트)

사용한 실 DMC 디아망뜨 : D3852

DMC 25번사 : 210, 211, 225, 340, 369, 413, 762, 775, 915, B5200

사용한 스티치 레이지 데이지 스티치, 백 스티치, 새틴 스티치, 스트레이트 스티치, 스플릿 스티치, 아우트라인 스티치, 프렌치 노트 스티치

수놓기

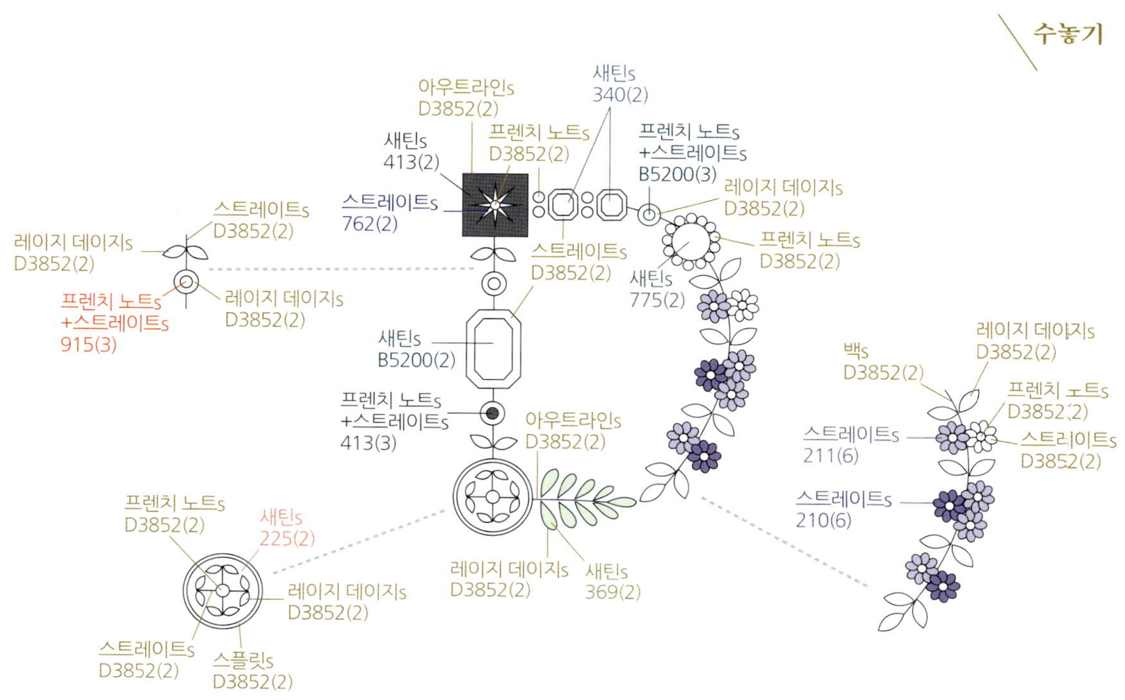

아우트라인s
D3852(2)
새틴s
340(2)
새틴s
413(2)
프렌치 노트s
D3852(2)
프렌치 노트s
+스트레이트s
B5200(3)
스트레이트s
762(2)
레이지 데이지s
D3852(2)
스트레이트s
D3852(2)
프렌치 노트s
D3852(2)
레이지 데이지s
D3852(2)
스트레이트s
D3852(2)
새틴s
775(2)
프렌치 노트s
+스트레이트s
915(3)
레이지 데이지s
D3852(2)
새틴s
B5200(2)
레이지 데이지s
D3852(2)
백s
D3852(2)
프렌치 노트s
D3852(2)
프렌치 노트s
+스트레이트s
413(3)
아우트라인s
D3852(2)
스트레이트s
211(6)
스트레이트s
D3852(2)
스트레이트s
210(6)
프렌치 노트s
D3852(2)
새틴s
225(2)
레이지 데이지s
D3852(2)
새틴s
369(2)
레이지 데이지s
D3852(2)
스트레이트s
D3852(2)
스플릿s
D3852(2)

도안

도안 설명은 스티치→실 번호→(실의 가닥 수)로 표기했습니다.
예) 새틴s 928(2) : 928번 실 2가닥으로 새틴 스티치를 합니다.

E

대 문 자

사용한 원단 린넨(화이트)

사용한 실 DMC 디아망뜨 : D3852

DMC 25번사 : 210, 304, 318, 413, 762, 772, 3743, B5200

사용한 스티치 레이지 데이지 스티치, 새틴 스티치, 스트레이트 스티치, 스플릿 스티치, 아우트라인 스티치, 프렌치 노트 스티치

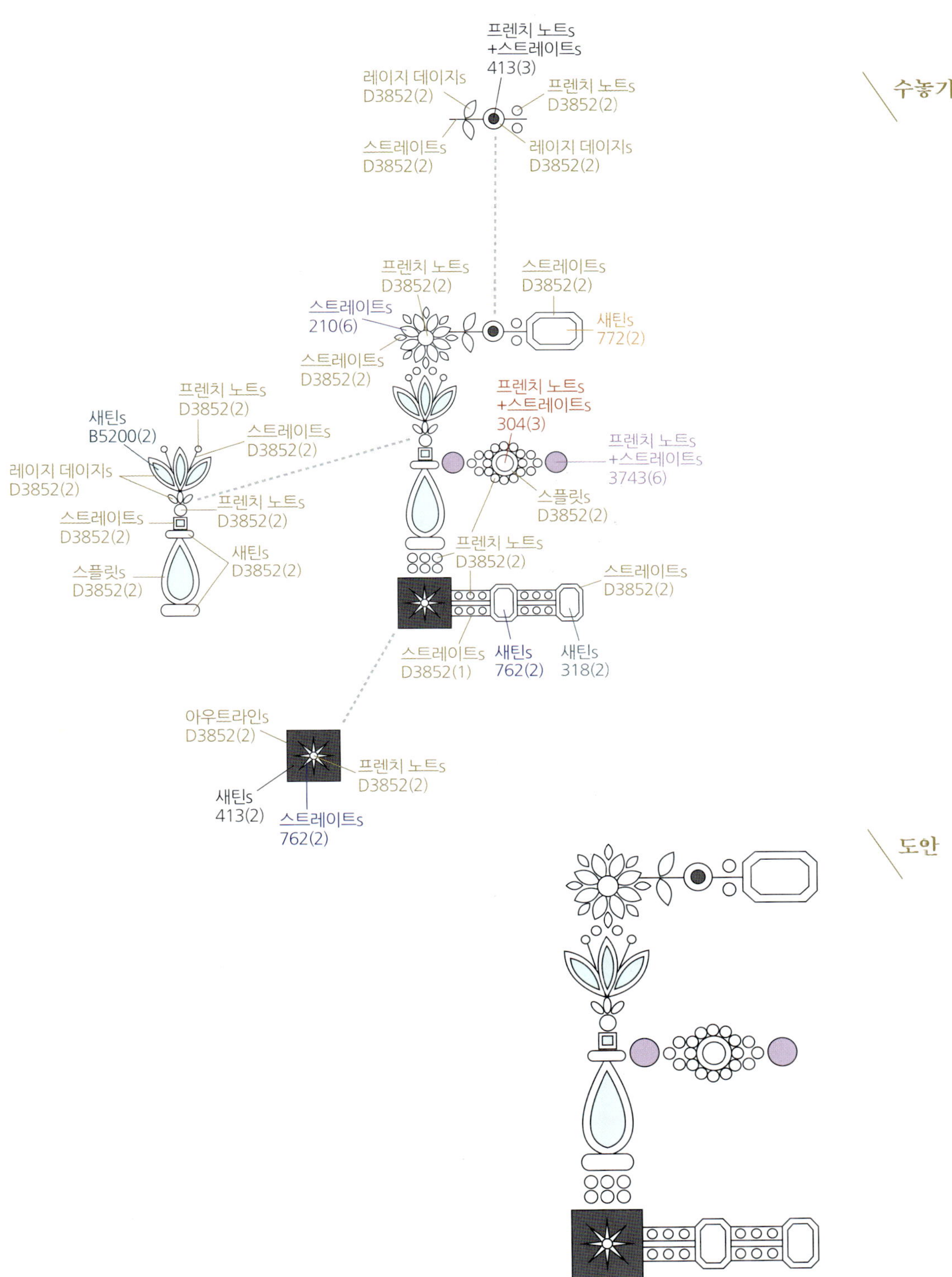
수놓기
프렌치 노트s
+스트레이트s
413(3)
레이지 데이지s
D3852(2)
프렌치 노트s
D3852(2)
스트레이트s
D3852(2)
레이지 데이지s
D3852(2)
프렌치 노트s
D3852(2)
스트레이트s
D3852(2)
스트레이트s
210(6)
새틴s
772(2)
스트레이트s
D3852(2)
프렌치 노트s
D3852(2)
새틴s
B5200(2)
스트레이트s
D3852(2)
프렌치 노트s
+스트레이트s
304(3)
프렌치 노트s
+스트레이트s
3743(6)
레이지 데이지s
D3852(2)
프렌치 노트s
D3852(2)
스플릿s
D3852(2)
스트레이트s
D3852(2)
새틴s
D3852(2)
프렌치 노트s
D3852(2)
스플릿s
D3852(2)
스트레이트s
D3852(2)
스트레이트s
D3852(1)
새틴s
762(2)
새틴s
318(2)
아우트라인s
D3852(2)
프렌치 노트s
D3852(2)
새틴s
413(2)
스트레이트s
762(2)
도안

도안 설명은 스티치→실 번호→(실의 가닥 수)로 표기했습니다.
예) 새틴s 928(2) : 928번 실 2가닥으로 새틴 스티치를 합니다.

F

대 문 자

사용한 원단 린넨(화이트)

사용한 실 DMC 디아망뜨 : D3852

DMC 25번사 : 211, 340, 341, 413, 550, 762, 928, 3743, B5200

사용한 스티치 레이지 데이지 스티치, 새틴 스티치, 스트레이트 스티치, 스플릿 스티치, 프렌치 노트 스티치

수놓기

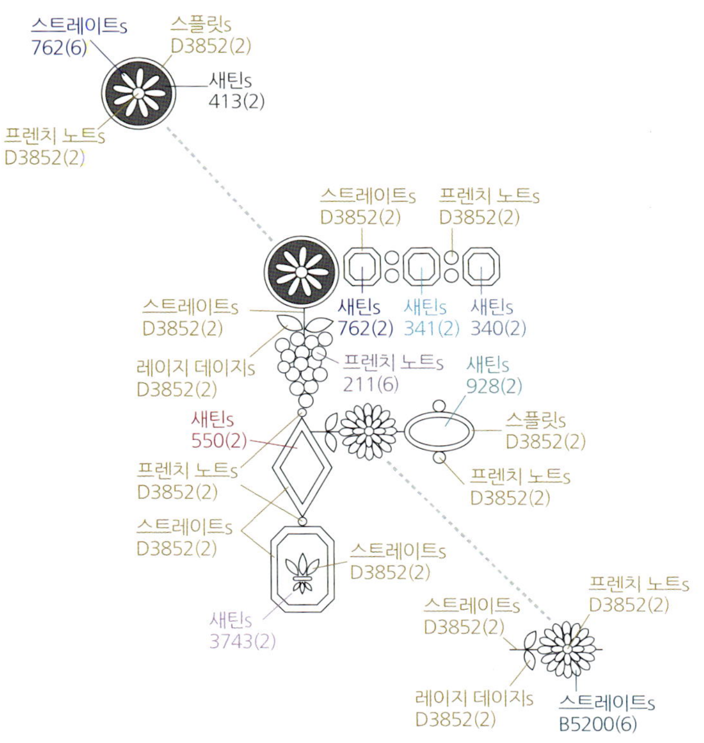

스트레이트s
762(6)
스플릿s
D3852(2)
새틴s
413(2)
프렌치 노트s
D3852(2)
스트레이트s
D3852(2)
프렌치 노트s
D3852(2)
스트레이트s
D3852(2)
새틴s
762(2)
새틴s
341(2)
새틴s
340(2)
레이지 데이지s
D3852(2)
프렌치 노트s
211(6)
새틴s
928(2)
새틴s
550(2)
스플릿s
D3852(2)
프렌치 노트s
D3852(2)
프렌치 노트s
D3852(2)
스트레이트s
D3852(2)
스트레이트s
D3852(2)
새틴s
3743(2)
프렌치 노트s
D3852(2)
스트레이트s
D3852(2)
레이지 데이지s
D3852(2)
스트레이트s
B5200(6)

도안

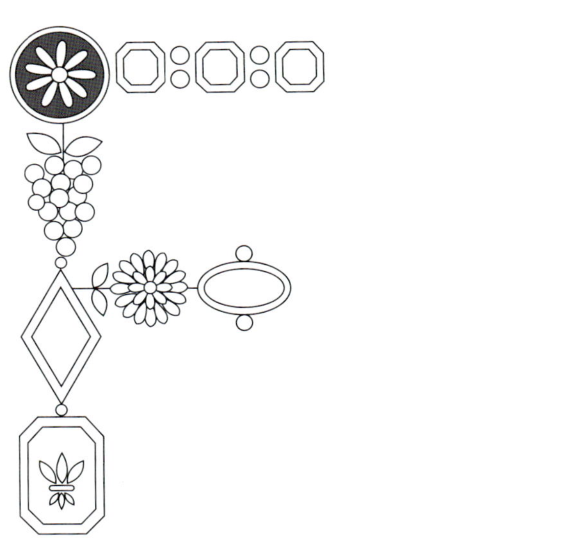

도안 설명은 스티치→실 번호→(실의 가닥 수)로 표기했습니다.
예) 새틴s 928(2) : 928번 실 2가닥으로 새틴 스티치를 합니다.

G

대 문 자

사용한 원단 린넨(화이트)

사용한 실 DMC 디아망뜨 : D3852

DMC 25번사 : 210, 211, 304, 413, 699, 746, 772, B5200

사용한 스티치 레이지 데이지 스티치, 백 스티치, 새틴 스티치, 스트레이트 스티치, 스플릿 스티치, 프렌치 노트 스티치

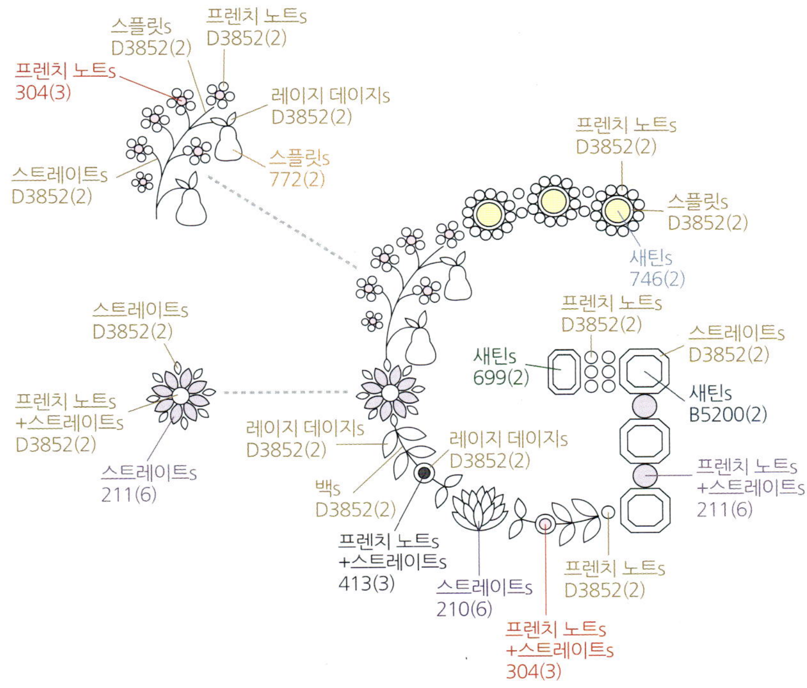

스플릿s
D3852(2)
프렌치 노트s
D3852(2)
프렌치 노트s
304(3)
레이지 데이지s
D3852(2)
스플릿s
772(2)
스트레이트s
D3852(2)
프렌치 노트s
D3852(2)
스플릿s
D3852(2)
새틴s
746(2)
프렌치 노트s
D3852(2)
스트레이트s
D3852(2)
새틴s
699(2)
새틴s
B5200(2)
스트레이트s
D3852(2)
프렌치 노트s
+스트레이트s
D3852(2)
스트레이트s
211(6)
레이지 데이지s
D3852(2)
레이지 데이지s
D3852(2)
백s
D3852(2)
프렌치 노트s
+스트레이트s
211(6)
프렌치 노트s
+스트레이트s
413(3)
스트레이트s
210(6)
프렌치 노트s
D3852(2)
프렌치 노트s
+스트레이트s
304(3)

도안

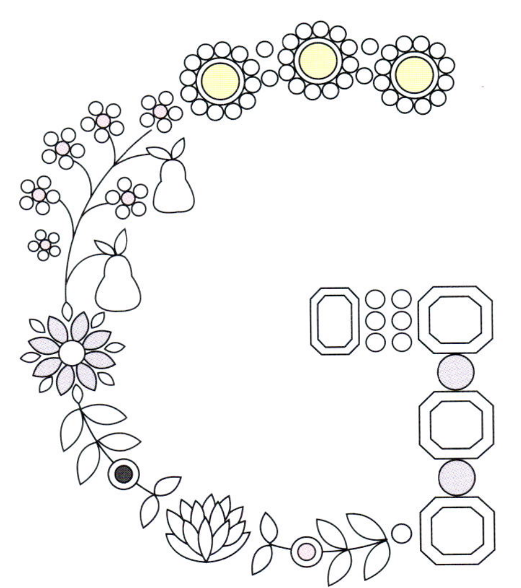

도안 설명은 스티치→실 번호→(실의 가닥 수)로 표기했습니다.
예) 새틴s 928(2) : 928번 실 2가닥으로 새틴 스티치를 합니다.

H

대 문 자

사용한 원단 린넨(화이트)

사용한 실 DMC 디아망뜨 : D3852

DMC 25번사 : 210, 211, 340, 341, 413, 550, 762, 915, 3753, 3844, B5200

사용한 스티치 레이지 데이지 스티치, 백 스티치, 새틴 스티치, 스트레이트 스티치, 아우트라인 스티치, 스플릿 스티치, 프렌치 노트 스티치

수놓기

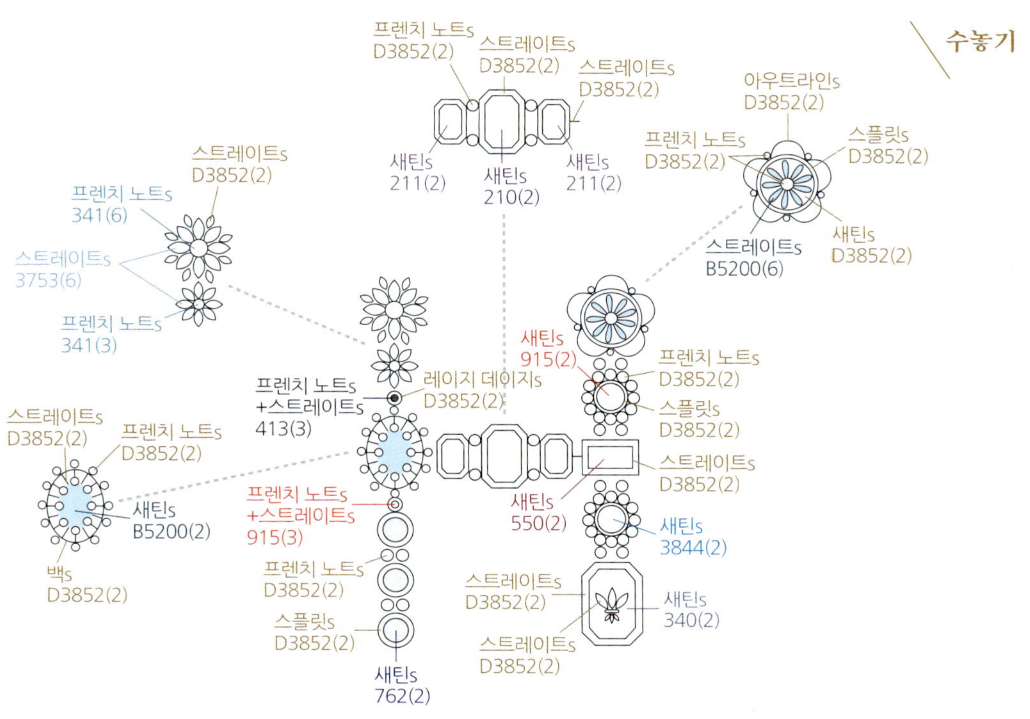

프렌치 노트s
D3852(2)
스트레이트s
D3852(2)
스트레이트s
D3852(2)
아우트라인s
D3852(2)
프렌치 노트s
D3852(2)
스플릿s
D3852(2)
새틴s
211(2)
새틴s
210(2)
새틴s
211(2)
스트레이트s
D3852(2)
프렌치 노트s
341(6)
스트레이트s
3753(6)
프렌치 노트s
341(3)
스트레이트s
B5200(6)
새틴s
D3852(2)
새틴s
915(2)
프렌치 노트s
D3852(2)
프렌치 노트s
+스트레이트s
413(3)
레이지 데이지s
D3852(2)
스플릿s
D3852(2)
스트레이트s
D3852(2)
프렌치 노트s
D3852(2)
스트레이트s
D3852(2)
새틴s
B5200(2)
프렌치 노트s
+스트레이트s
915(3)
새틴s
550(2)
새틴s
3844(2)
백s
D3852(2)
프렌치 노트s
D3852(2)
스트레이트s
D3852(2)
새틴s
340(2)
스플릿s
D3852(2)
스트레이트s
D3852(2)
새틴s
762(2)

도안

도안 설명은 스티치→실 번호→(실의 가닥 수)로 표기했습니다.
예) 새틴s 928(2) : 928번 실 2가닥으로 새틴 스티치를 합니다.

I

대문자

사용한 원단	린넨(화이트)
사용한 실	DMC 디아망뜨 : D3852 DMC 25번사 : 225, 304, 341, 413, 762, B5200
사용한 스티치	레이지 데이지 스티치, 새틴 스티치, 스트레이트 스티치, 스플릿 스티치, 프렌치 노트 스티치

수놓기

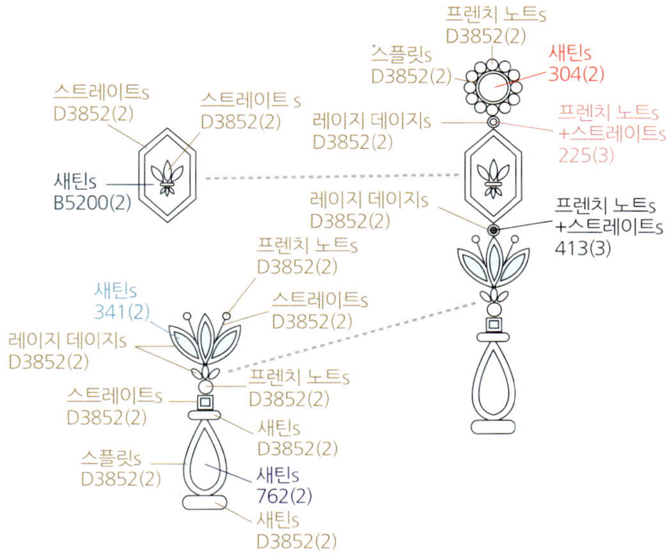

스트레이트s
D3852(2)
스트레이트 s
D3852(2)
새틴s
B5200(2)
프렌치 노트s
D3852(2)
스플릿s
D3852(2)
새틴s
304(2)
레이지 데이지s
D3852(2)
프렌치 노트s
+스트레이트s
225(3)
레이지 데이지s
D3852(2)
프렌치 노트s
+스트레이트s
413(3)
프렌치 노트s
D3852(2)
새틴s
341(2)
스트레이트s
D3852(2)
레이지 데이지s
D3852(2)
프렌치 노트s
D3852(2)
스트레이트s
D3852(2)
새틴s
D3852(2)
스플릿s
D3852(2)
새틴s
762(2)
새틴s
D3852(2)

도안

도안 설명은 스티치→실 번호→(실의 가닥 수)로 표기했습니다.
예) 새틴s 928(2) : 928번 실 2가닥으로 새틴 스티치를 합니다.

J

대 문 자

사용한 원단	린넨(화이트)
사용한 실	DMC 디아망뜨 : D3852
	DMC 25번사 : 162, 210, 211, 304, 341, 413, 550, B5200
사용한 스티치	레이지 데이지 스티치, 백 스티치, 새틴 스티치, 스트레이트 스티치, 아우트라인 스티치, 프렌치 노트 스티치

수놓기

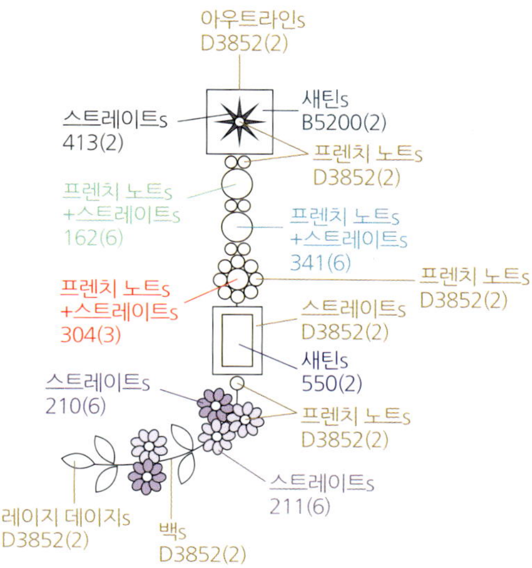

아우트라인s
D3852(2)
새틴s
B5200(2)
스트레이트s
413(2)
프렌치 노트s
D3852(2)
프렌치 노트s
+스트레이트s
162(6)
프렌치 노트s
+스트레이트s
341(6)
프렌치 노트s
D3852(2)
프렌치 노트s
+스트레이트s
304(3)
스트레이트s
D3852(2)
새틴s
550(2)
스트레이트s
210(6)
프렌치 노트s
D3852(2)
스트레이트s
211(6)
레이지 데이지s
D3852(2)
백s
D3852(2)

도안

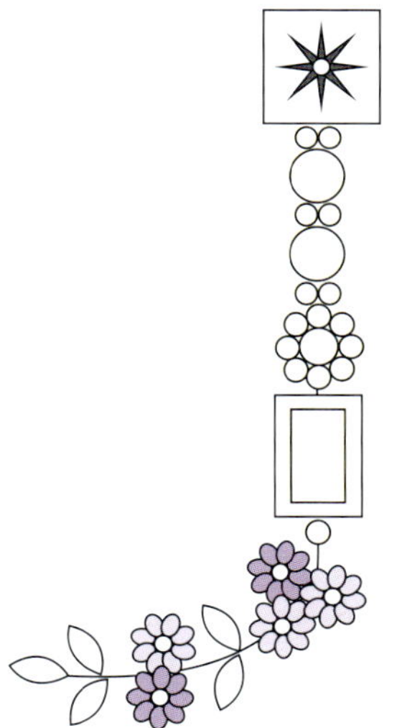

도안 설명은 스티치→실 번호→(실의 가닥 수)로 표기했습니다.
예) 새틴s 928(2) : 928번 실 2가닥으로 새틴 스티치를 합니다.

K

대문자

사용한 원단	린넨(화이트)
사용한 실	DMC 디아망뜨 : D3852
	DMC 25번사 : 211, 304, 413, 550, 699, 746, 775, 915
사용한 스티치	레이지 데이지 스티치, 백 스티치, 새틴 스티치, 스트레이트 스티치, 스플릿 스티치, 프렌치 노트 스티치

수놓기

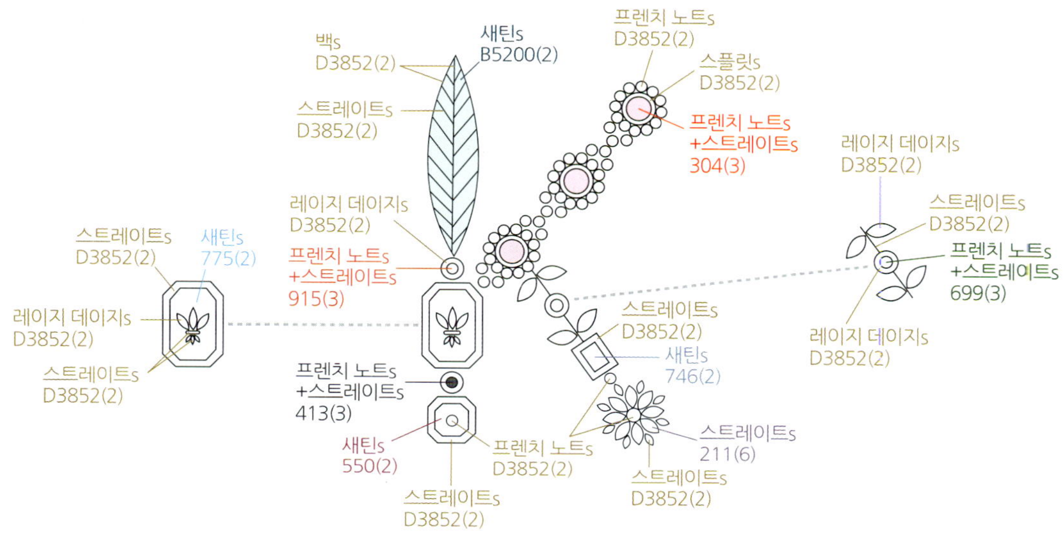

백s
D3852(2)
새틴s
B5200(2)
스트레이트s
D3852(2)
프렌치 노트s
D3852(2)
스플릿s
D3852(2)
프렌치 노트s
+스트레이트s
304(3)
레이지 데이지s
D3852(2)
레이지 데이지s
D3852(2)
스트레이트s
D3852(2)
프렌치 노트s
+스트레이트s
699(3)
스트레이트s
D3852(2)
새틴s
775(2)
레이지 데이지s
D3852(2)
프렌치 노트s
+스트레이트s
915(3)
레이지 데이지s
D3852(2)
스트레이트s
D3852(2)
스트레이트s
D3852(2)
새틴s
746(2)
레이지 데이지s
D3852(2)
프렌치 노트s
+스트레이트s
413(3)
새틴s
550(2)
프렌치 노트s
D3852(2)
스트레이트s
211(6)
스트레이트s
D3852(2)
스트레이트s
D3852(2)

도안

도안 설명은 스티치→실 번호→(실의 가닥 수)로 표기했습니다.
예) 새틴s 928(2) : 928번 실 2가닥으로 새틴 스티치를 합니다.

E168 은사로 수놓은 모습

색을 채우지 않고 금사로만 수놓은 모습

L

대 문 자

사용한 원단 린넨(화이트)

사용한 실 DMC 디아망뜨 : D3852

DMC 25번사 : 304, 550, 699, 746, 762, 772, 915, B5200

사용한 스티치 레이지 데이지 스티치, 새틴 스티치, 스트레이트 스티치, 스플릿 스티치, 프렌치 노트 스티치

수놓기

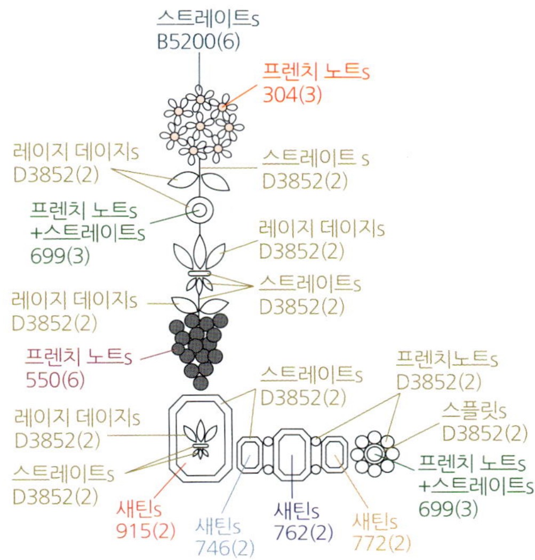

스트레이트s
B5200(6)
프렌치 노트s
304(3)
레이지 데이지s
D3852(2)
스트레이트 s
D3852(2)
프렌치 노트s
+스트레이트s
699(3)
레이지 데이지s
D3852(2)
스트레이트s
D3852(2)
레이지 데이지s
D3852(2)
프렌치 노트s
550(6)
스트레이트s
D3852(2)
프렌치노트s
D3852(2)
스플릿s
D3852(2)
레이지 데이지s
D3852(2)
프렌치 노트s
+스트레이트s
699(3)
스트레이트s
D3852(2)
새틴s
915(2)
새틴s
746(2)
새틴s
762(2)
새틴s
772(2)

도안

도안 설명은 스티치→실 번호→(실의 가닥 수)로 표기했습니다.
예) 새틴s 928(2) : 928번 실 2가닥으로 새틴 스티치를 합니다.

M

대 문 자

사용한 원단 린넨(화이트)

사용한 실 DMC 디아망뜨 : D3852

DMC 25번사 : 210, 225, 304, 341, 413, 550, 762, 915, 3743, B5200

사용한 스티치 레이지 데이지 스티치, 백 스티치, 새틴 스티치, 스트레이트 스티치, 스플릿 스티치, 아우트라인 스티치, 프렌치 노트 스티치

수놓기

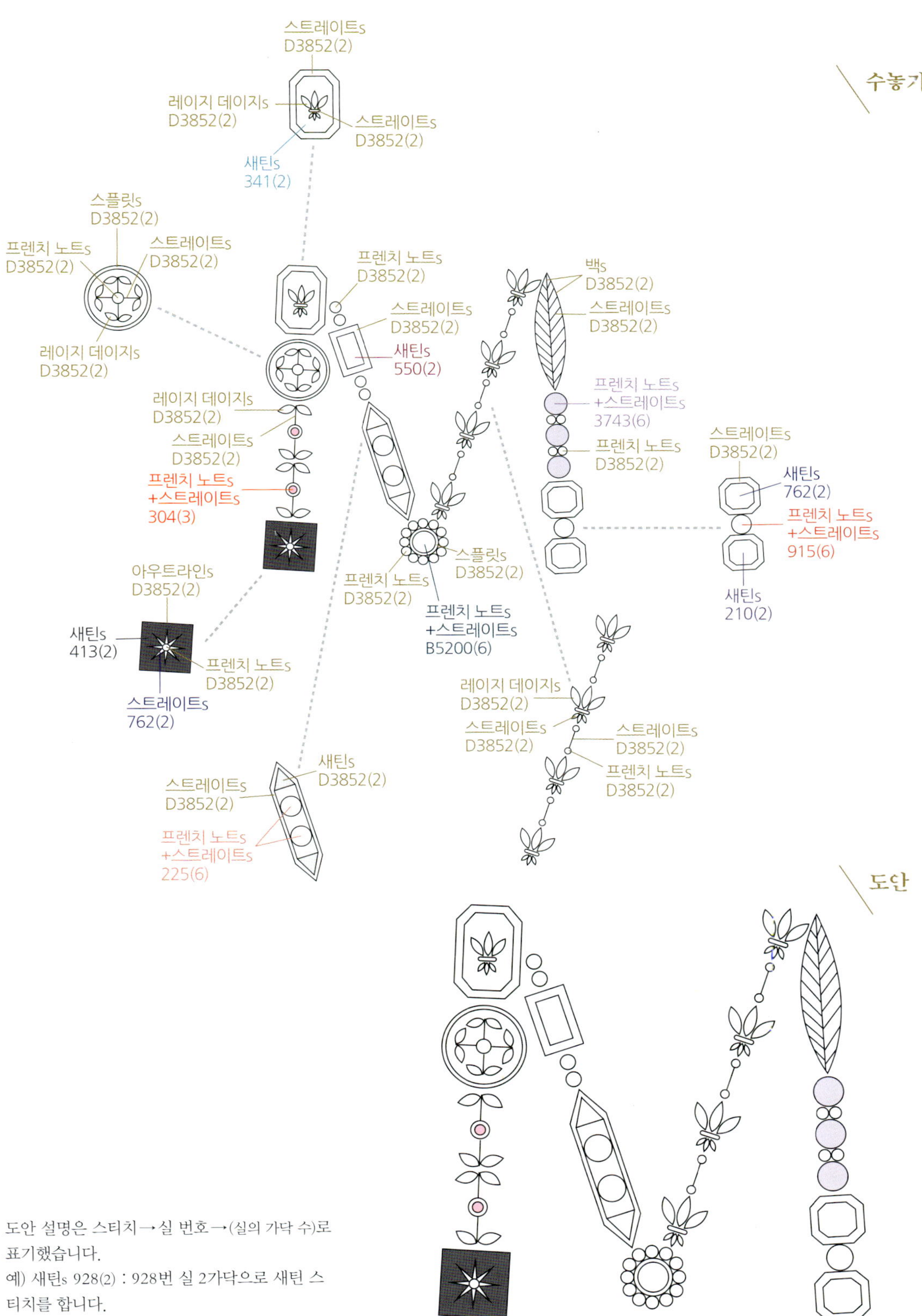

스트레이트s
D3852(2)
레이지 데이지s
D3852(2)
스트레이트s
D3852(2)
새틴s
341(2)
스플릿s
D3852(2)
프렌치 노트s
D3852(2)
스트레이트s
D3852(2)
레이지 데이지s
D3852(2)
프렌치 노트s
D3852(2)
스트레이트s
D3852(2)
새틴s
550(2)
백s
D3852(2)
스트레이트s
D3852(2)
프렌치 노트s
+스트레이트s
3743(6)
프렌치 노트s
D3852(2)
스트레이트s
D3852(2)
새틴s
762(2)
프렌치 노트s
+스트레이트s
915(6)
새틴s
210(2)
레이지 데이지s
D3852(2)
스트레이트s
D3852(2)
프렌치 노트s
+스트레이트s
304(3)
아우트라인s
D3852(2)
새틴s
413(2)
프렌치 노트s
D3852(2)
스트레이트s
762(2)
스플릿s
D3852(2)
프렌치 노트s
D3852(2)
프렌치 노트s
+스트레이트s
B5200(6)
레이지 데이지s
D3852(2)
스트레이트s
D3852(2)
스트레이트s
D3852(2)
프렌치 노트s
D3852(2)
새틴s
D3852(2)
스트레이트s
D3852(2)
프렌치 노트s
+스트레이트s
225(6)

도안

도안 설명은 스티치→실 번호→(실의 가닥 수)로 표기했습니다.
예) 새틴s 928(2) : 928번 실 2가닥으로 새틴 스티치를 합니다.

N

대 문 자

사용한 원단	린넨(화이트)
사용한 실	DMC 디아망뜨 : D3852
	DMC 25번사 : 210, 211, 304, 340, 341, 413, 550, 762, 772, 3743, 3753, B5200
사용한 스티치	레이지 데이지 스티치, 새틴 스티치, 스트레이트 스티치, 스플릿 스티치, 아우트라인 스티치, 프렌치 노트 스티치

수놓기

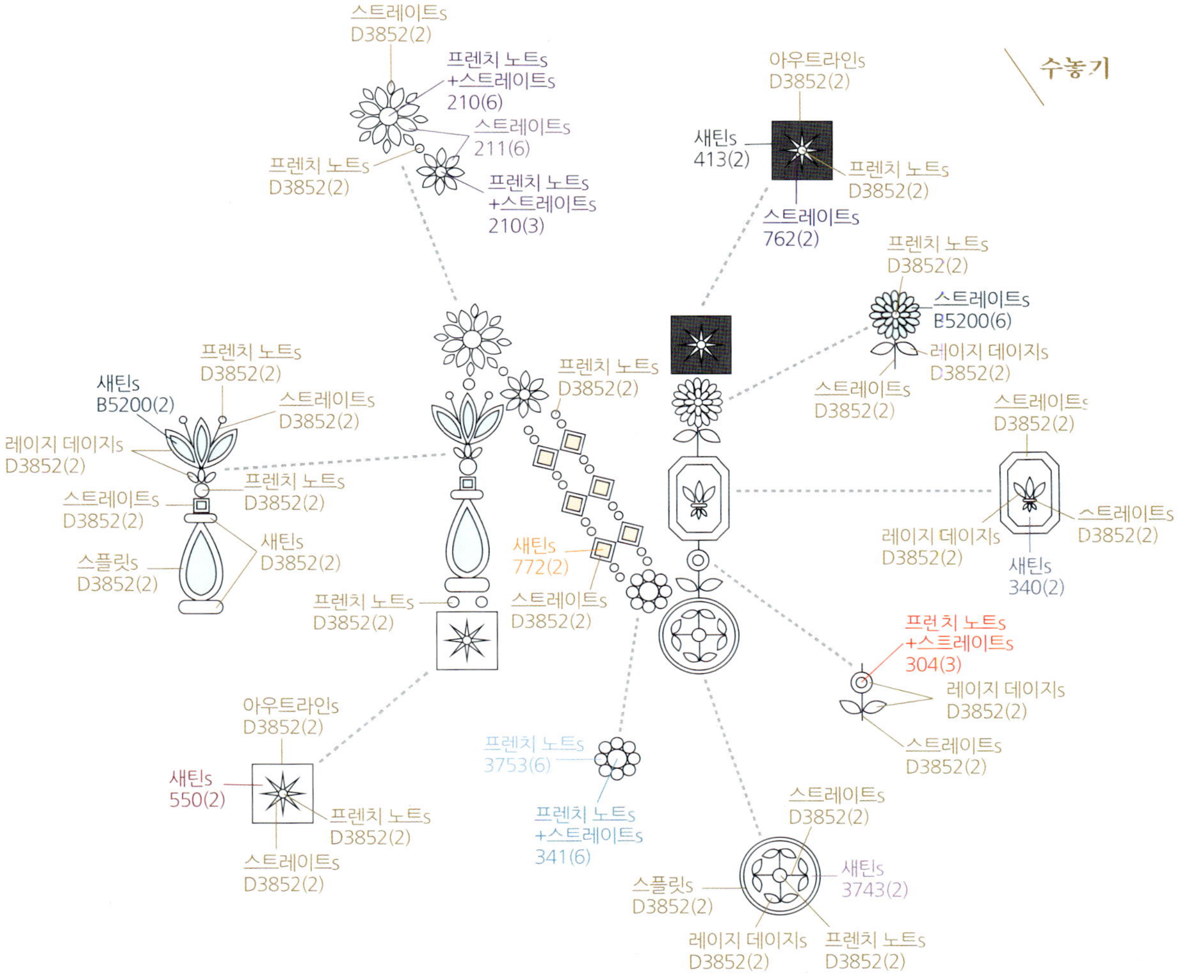

스트레이트s D3852(2)
프렌치 노트s +스트레이트s 210(6)
스트레이트s 211(6)
프렌치 노트s D3852(2)
프렌치 노트s +스트레이트s 210(3)
아우트라인s D3852(2)
새틴s 413(2)
프렌치 노트s D3852(2)
스트레이트s 762(2)
프렌치 노트s D3852(2)
스트레이트s B5200(6)
레이지 데이지s D3852(2)
스트레이트s D3852(2)
프렌치 노트s D3852(2)
새틴s B5200(2)
스트레이트s D3852(2)
레이지 데이지s D3852(2)
프렌치 노트s D3852(2)
스트레이트s D3852(2)
새틴s D3852(2)
스플릿s D3852(2)
프렌치 노트s D3852(2)
새틴s 772(2)
스트레이트s D3852(2)
프렌치 노트s D3852(2)
스트레이트s D3852(2)
레이지 데이지s D3852(2)
스트레이트s D3852(2)
새틴s 340(2)
프런치 노트s +스트레이트s 304(3)
레이지 데이지s D3852(2)
스트레이트s D3852(2)
아우트라인s D3852(2)
새틴s 550(2)
프렌치 노트s D3852(2)
스트레이트s D3852(2)
프렌치 노트s 3753(6)
프렌치 노트s +스트레이트s 341(6)
스트레이트s D3852(2)
새틴s 3743(2)
스플릿s D3852(2)
레이지 데이지s D3852(2)
프렌치 노트s D3852(2)

도안

도안 설명은 스티치→실 번호→(실의 가닥 수)로 표기했습니다.
예) 새틴s 928(2) : 928번 실 2가닥으로 새틴 스티치를 합니다.

대 문 자

사용한 원단 린넨(화이트)

사용한 실 DMC 디아망뜨 : D3852

DMC 25번사 : 210, 211, 304, 413, 550, 772, 915, 3753, B5200

사용한 스티치 레이지 데이지 스티치, 백 스티치, 새틴 스티치, 스트레이트 스티치, 스플릿 스티치, 아웃트라인 스티치, 프렌치 노트 스티치

수놓기

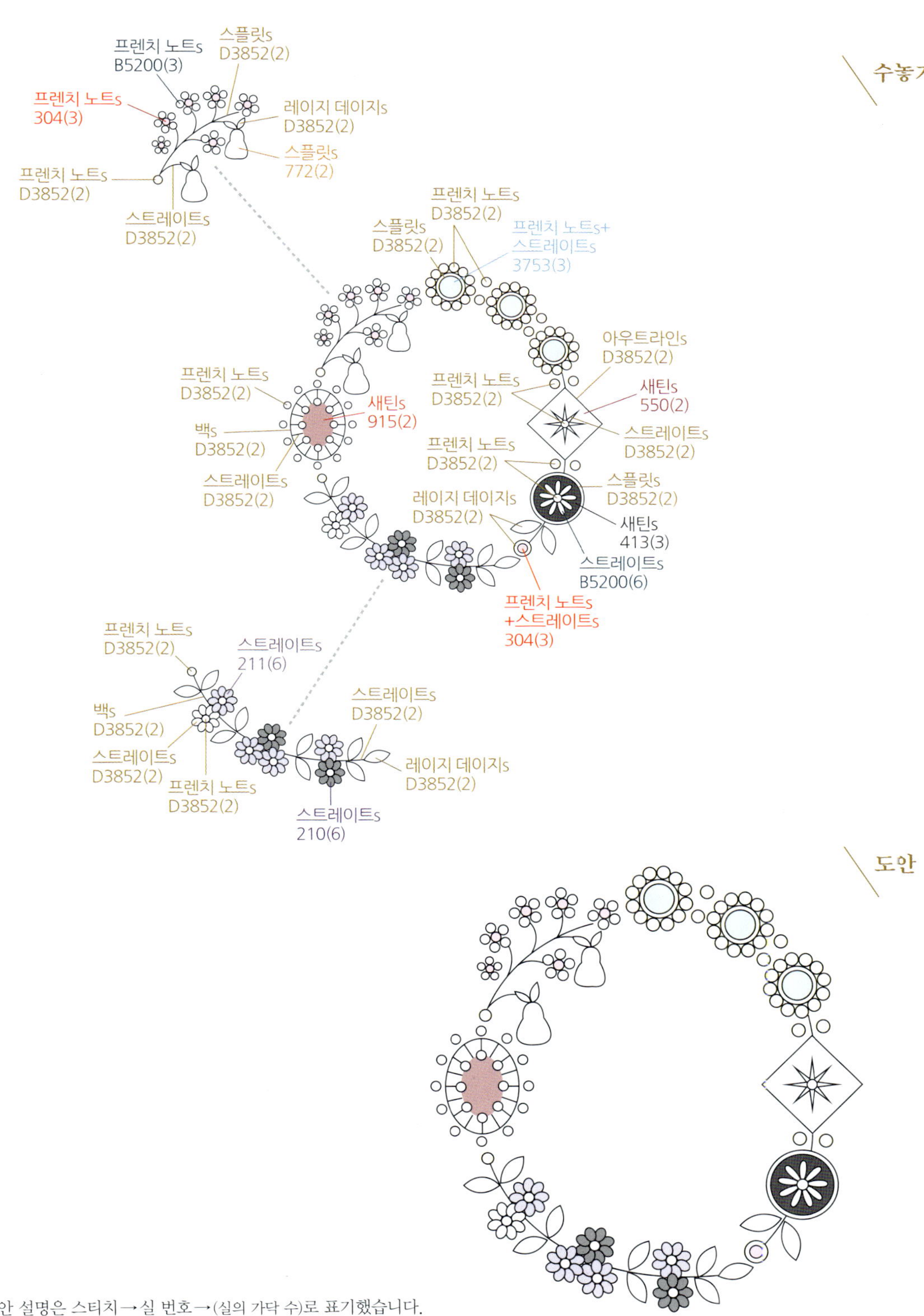

프렌치 노트s
B5200(3)
스플릿s
D3852(2)
프렌치 노트s
304(3)
레이지 데이지s
D3852(2)
스플릿s
772(2)
프렌치 노트s
D3852(2)
스트레이트s
D3852(2)
프렌치 노트s
D3852(2)
스플릿s
D3852(2)
프렌치 노트s+
스트레이트s
3753(3)
아우트라인s
D3852(2)
프렌치 노트s
D3852(2)
새틴s
550(2)
프렌치 노트s
D3852(2)
새틴s
915(2)
백s
D3852(2)
스트레이트s
D3852(2)
프렌치 노트s
D3852(2)
스플릿s
D3852(2)
스트레이트s
D3852(2)
레이지 데이지s
D3852(2)
새틴s
413(3)
스트레이트s
B5200(6)
프렌치 노트s
+스트레이트s
304(3)
프렌치 노트s
D3852(2)
스트레이트s
211(6)
백s
D3852(2)
스트레이트s
D3852(2)
스트레이트s
D3852(2)
레이지 데이지s
D3852(2)
프렌치 노트s
D3852(2)
스트레이트s
210(6)

도안

도안 설명은 스티치→실 번호→(실의 가닥 수)로 표기했습니다.
예) 새틴s 928(2) : 928번 실 2가닥으로 새틴 스티치를 합니다.

P

대 문 자

사용한 원단 린넨(화이트)

사용한 실 DMC 디아망뜨 : D3852

DMC 25번사 : 210, 211, 304, 341, 369, 413, 550, 746, 762, 775, 3753, B5200

사용한 스티치 레이지 데이지 스티치, 백 스티치, 새틴 스티치, 스트레이트 스티치, 스플릿 스티치, 아우트라인 스티치, 프렌치 노트 스티치

수놓기

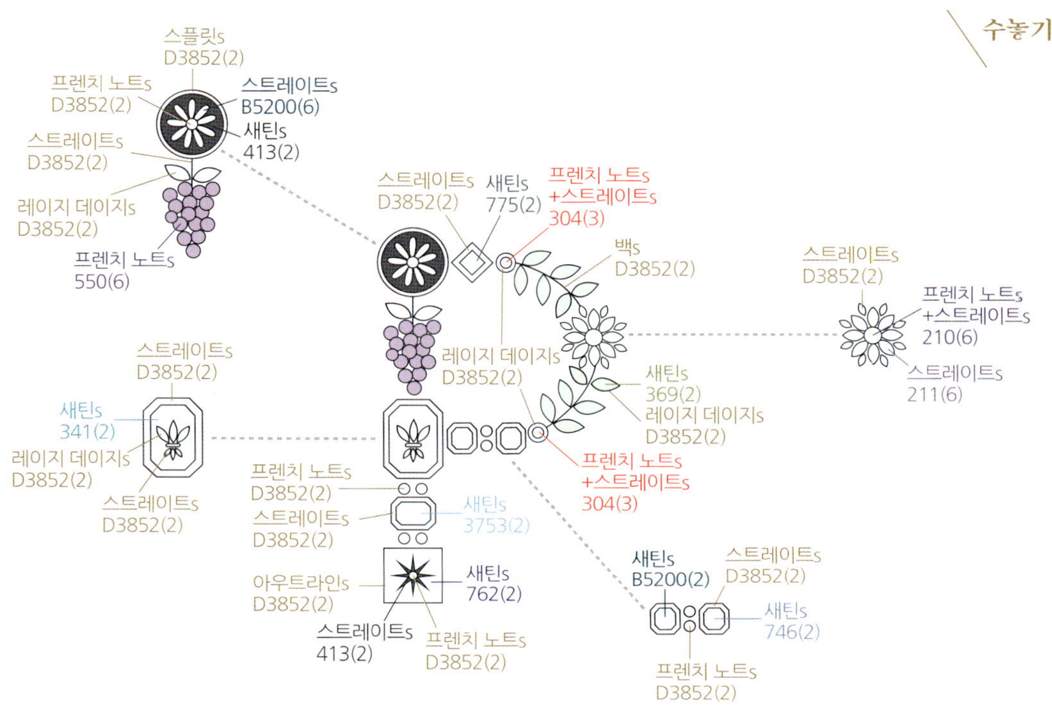
스플릿s
D3852(2)
프렌치 노트s
D3852(2)
스트레이트s
B5200(6)
새틴s
413(2)
스트레이트s
D3852(2)
레이지 데이지s
D3852(2)
프렌치 노트s
550(6)
스트레이트s
D3852(2)
새틴s
775(2)
프렌치 노트s
+스트레이트s
304(3)
백s
D3852(2)
스트레이트s
D3852(2)
프렌치 노트s
+스트레이트s
210(6)
스트레이트s
211(6)
레이지 데이지s
D3852(2)
새틴s
369(2)
레이지 데이지s
D3852(2)
스트레이트s
D3852(2)
새틴s
341(2)
레이지 데이지s
D3852(2)
스트레이트s
D3852(2)
프렌치 노트s
+스트레이트s
304(3)
프렌치 노트s
D3852(2)
스트레이트s
D3852(2)
새틴s
3753(2)
아우트라인s
D3852(2)
새틴s
762(2)
스트레이트s
413(2)
프렌치 노트s
D3852(2)
새틴s
B5200(2)
스트레이트s
D3852(2)
새틴s
746(2)
프렌치 노트s
D3852(2)

도안

도안 설명은 스티치→실 번호→(실의 가닥 수)로 표기했습니다.
예) 새틴s 928(2) : 928번 실 2가닥으로 새틴 스티치를 합니다.

Q

대 문 자

사용한 원단	린넨(화이트)
사용한 실	DMC 디아망뜨 : D3852
	DMC 25번사 : 210, 211, 304, 340, 341, 369, 413, 762, 3753, B5200
사용한 스티치	레이지 데이지 스티치, 백 스티치, 새틴 스티치, 스트레이트 스티치, 스플릿 스티치, 아우트라인 스티치, 프렌치 노트 스티치

수놓기

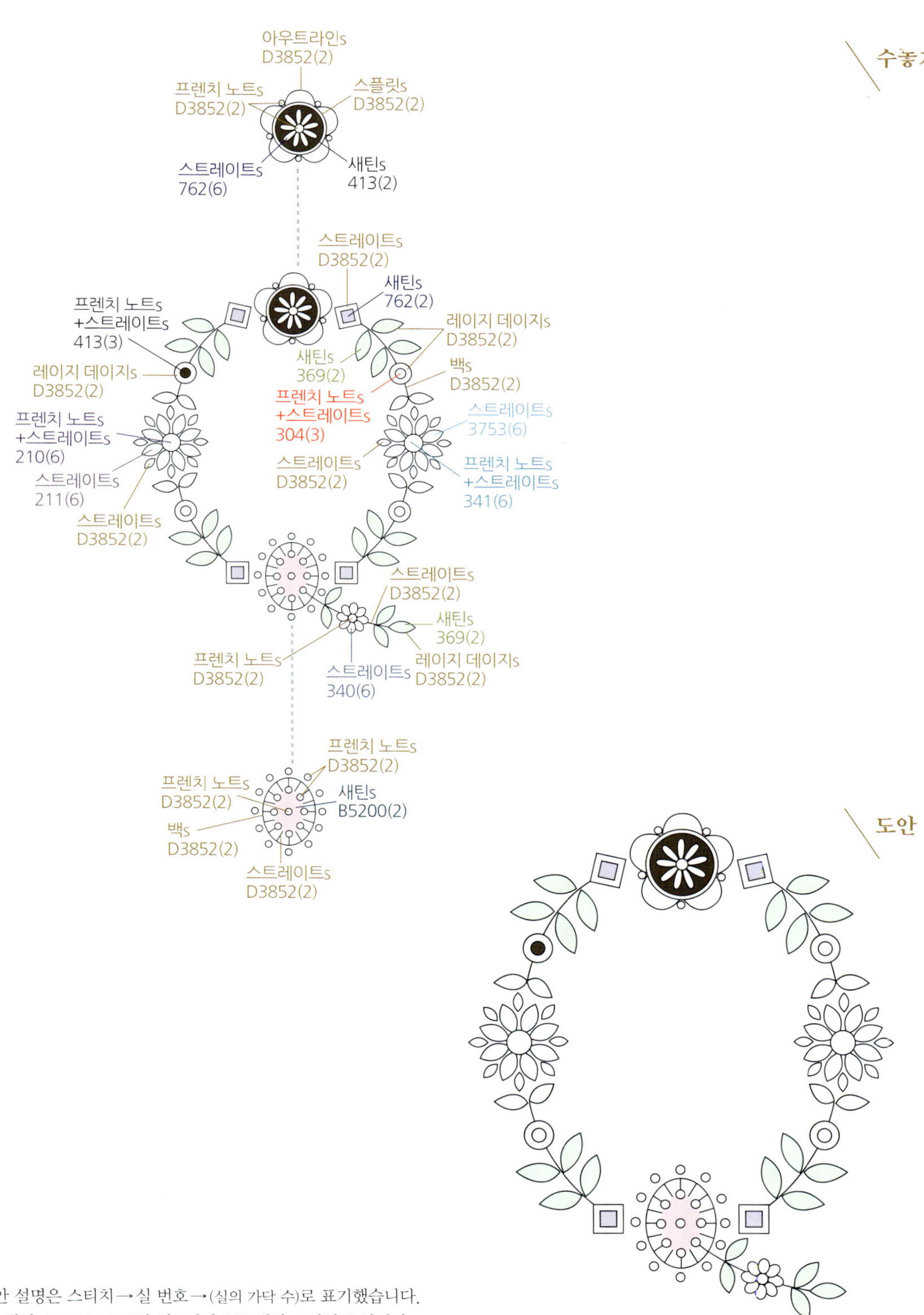
아우트라인s
D3852(2)
프렌치 노트s
D3852(2)
스플릿s
D3852(2)
스트레이트s
762(6)
새틴s
413(2)
스트레이트s
D3852(2)
새틴s
762(2)
프렌치 노트s
+스트레이트s
413(3)
레이지 데이지s
D3852(2)
새틴s
369(2)
레이지 데이지s
D3852(2)
백s
D3852(2)
프렌치 노트s
+스트레이트s
304(3)
프렌치 노트s
+스트레이트s
210(6)
스트레이트s
3753(6)
스트레이트s
D3852(2)
스트레이트s
211(6)
프렌치 노트s
+스트레이트s
341(6)
스트레이트s
D3852(2)
스트레이트s
D3852(2)
새틴s
369(2)
프렌치 노트s
D3852(2)
레이지 데이지s
D3852(2)
스트레이트s
340(6)
프렌치 노트s
D3852(2)
프렌치 노트s
D3852(2)
새틴s
B5200(2)
백s
D3852(2)
스트레이트s
D3852(2)

도안

도안 설명은 스티치→실 번호→(실의 가닥 수)로 표기했습니다.
예) 새틴s 928(2) : 928번 실 2가닥으로 새틴 스티치를 합니다.

R

대 문 자

사용한 원단 린넨(화이트)

사용한 실 DMC 디아망뜨 : D3852

DMC 25번사 : 211, 304, 340, 341, 369, 413, 550, 699, 3743, 3753, B5200

사용한 스티치 레이지 데이지 스티치, 새틴 스티치, 스트레이트 스티치, 스플릿 스티치, 프렌치 노트 스티치

수놓기

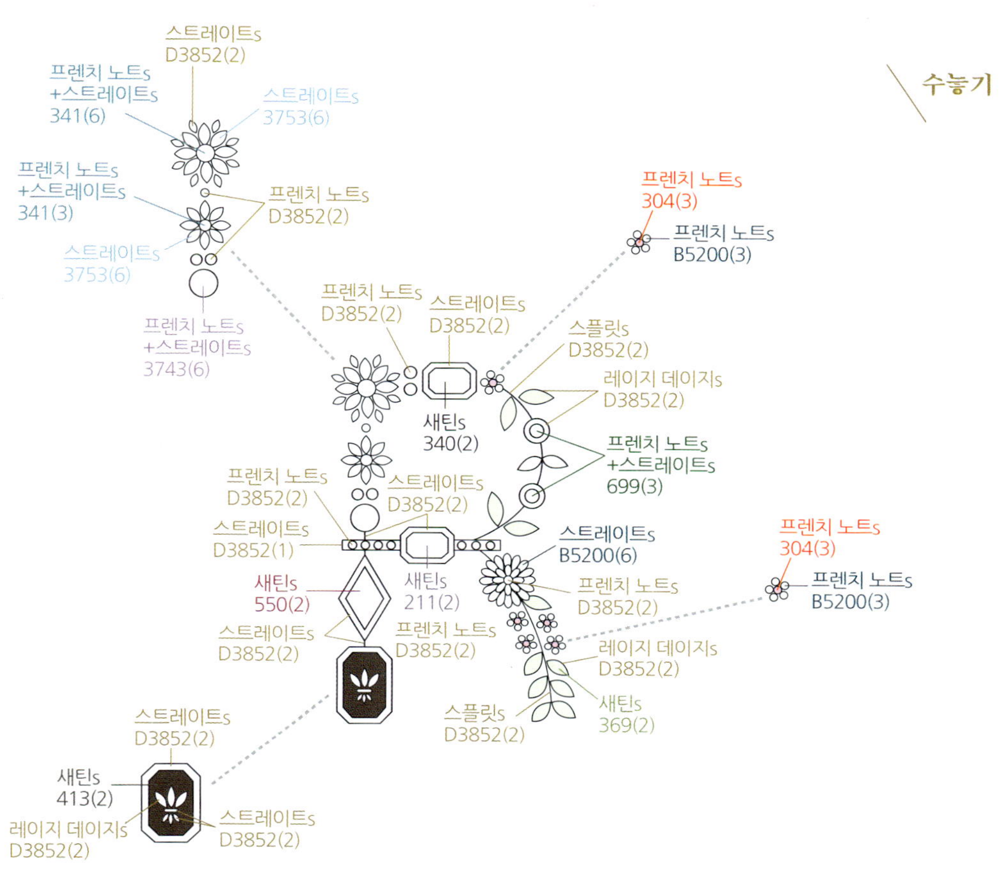

스트레이트s
D3852(2)
프렌치 노트s
+스트레이트s
341(6)
스트레이트s
3753(6)
프렌치 노트s
+스트레이트s
341(3)
프렌치 노트s
D3852(2)
스트레이트s
3753(6)
프렌치 노트s
+스트레이트s
3743(6)
프렌치 노트s
304(3)
프렌치 노트s
B5200(3)
프렌치 노트s
D3852(2)
스트레이트s
D3852(2)
스플릿s
D3852(2)
레이지 데이지s
D3852(2)
새틴s
340(2)
프렌치 노트s
+스트레이트s
699(3)
프렌치 노트s
D3852(2)
스트레이트s
D3852(2)
스트레이트s
D3852(1)
스트레이트s
B5200(6)
프렌치 노트s
304(3)
프렌치 노트s
B5200(3)
새틴s
550(2)
새틴s
211(2)
프렌치 노트s
D3852(2)
스트레이트s
D3852(2)
프렌치 노트s
D3852(2)
레이지 데이지s
D3852(2)
새틴s
369(2)
스플릿s
D3852(2)
스트레이트s
D3852(2)
새틴s
413(2)
레이지 데이지s
D3852(2)
스트레이트s
D3852(2)

도안

도안 설명은 스티치→실 번호→(실의 가닥 수)로 표기했습니다.
예) 새틴s 928(2) : 928번 실 2가닥으로 새틴 스티치를 합니다.

S

대 문 자

사용한 원단	린넨(화이트)
사용한 실	DMC 디아망뜨 : D3852
	DMC 25번사 : 210, 211, 304, 341, 413, 699, 772, 915, 3743, 3753, B5200
사용한 스티치	레이지 데이지 스티치, 새틴 스티치, 스트레이트 스티치, 스플릿 스티치, 프렌치 노트 스티치

수놓기

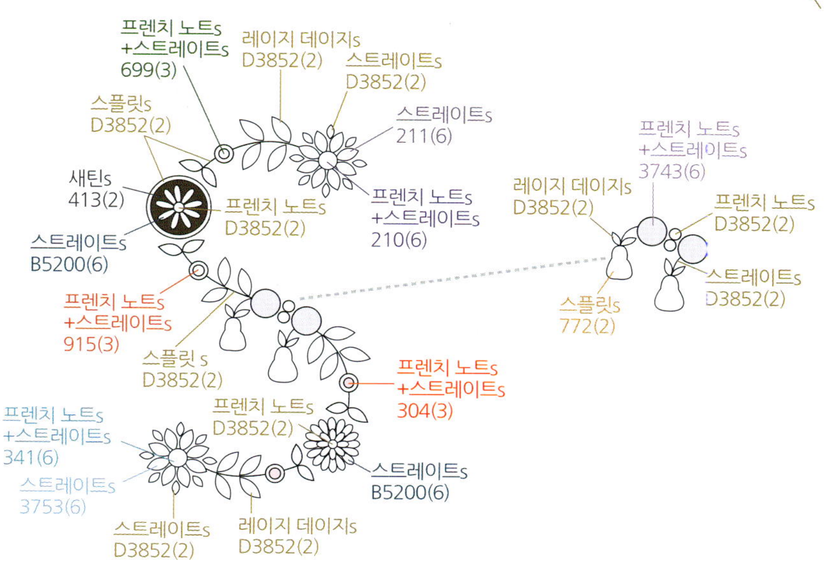

프렌치 노트s
+스트레이트s
699(3)
레이지 데이지s
D3852(2)
스트레이트s
D3852(2)
스플릿s
D3852(2)
스트레이트s
211(6)
새틴s
413(2)
프렌치 노트s
D3852(2)
프렌치 노트s
+스트레이트s
210(6)
스트레이트s
B5200(6)
프렌치 노트s
+스트레이트s
915(3)
스플릿 s
D3852(2)
프렌치 노트s
+스트레이트s
304(3)
프렌치 노트s
+스트레이트s
341(6)
프렌치 노트s
D3852(2)
스트레이트s
B5200(6)
스트레이트s
3753(6)
스트레이트s
D3852(2)
레이지 데이지s
D3852(2)
프렌치 노트s
+스트레이트s
3743(6)
레이지 데이지s
D3852(2)
프렌치 노트s
D3852(2)
스트레이트s
D3852(2)
스플릿s
772(2)

도안

도안 설명은 스티치→실 번호→(실의 가닥 수)로 표기했습니다.
예) 새틴s 928(2) : 928번 실 2가닥으로 새틴 스티치를 합니다.

T

대 문 자

사용한 원단	린넨(화이트)
사용한 실	DMC 디아망뜨 : D3852
	DMC 25번사 : 210, 225, 304, 340, 413, 550, 746, 762, 3743, 3753, B5200
사용한 스티치	레이지 데이지 스티치, 새틴 스티치, 스트레이트 스티치, 스플릿 스티치, 프렌치 노트 스티치

수놓기

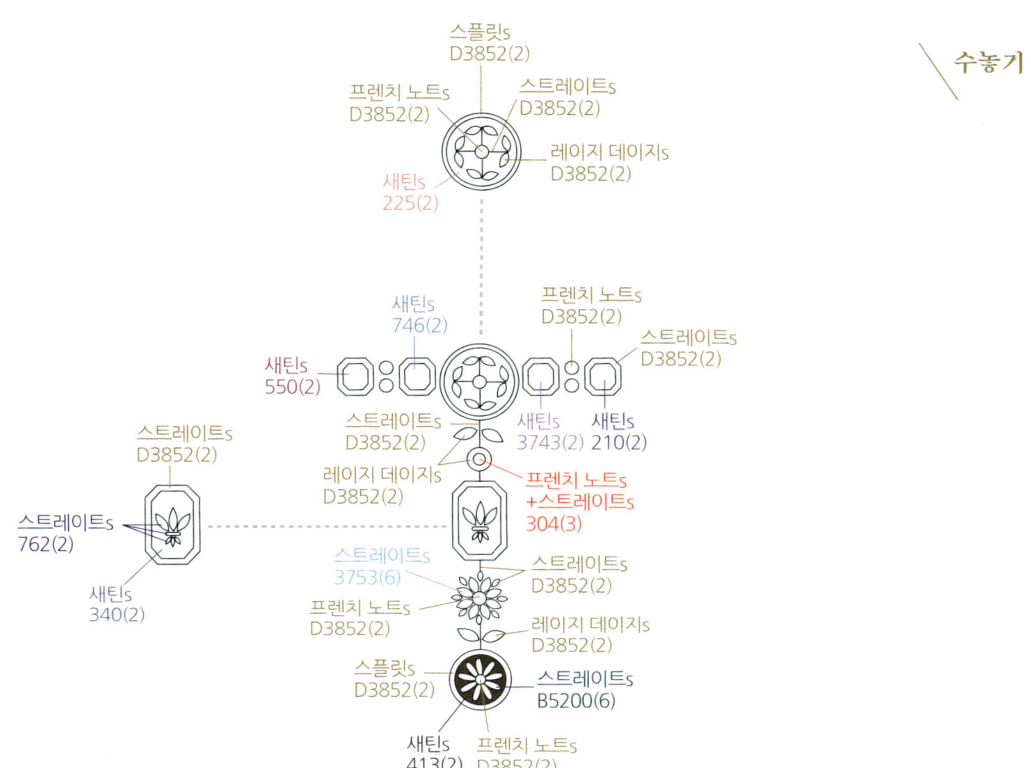

스플릿s
D3852(2)
프렌치 노트s
D3852(2)
스트레이트s
D3852(2)
레이지 데이지s
D3852(2)
새틴s
225(2)
새틴s
746(2)
프렌치 노트s
D3852(2)
스트레이트s
D3852(2)
새틴s
550(2)
스트레이트s
D3852(2)
새틴s
3743(2)
새틴s
210(2)
스트레이트s
D3852(2)
레이지 데이지s
D3852(2)
프렌치 노트s
+스트레이트s
304(3)
스트레이트s
762(2)
새틴s
340(2)
스트레이트s
3753(6)
스트레이트s
D3852(2)
프렌치 노트s
D3852(2)
레이지 데이지s
D3852(2)
스플릿s
D3852(2)
스트레이트s
B5200(6)
새틴s
413(2)
프렌치 노트s
D3852(2)

도안

도안 설명은 스티치→실 번호→(실의 가닥 수)로 표기했습니다.
예) 새틴s 928(2) : 928번 실 2가닥으로 새틴 스티치를 합니다.

U

대 문 자

사용한 원단 린넨(화이트)

사용한 실 DMC 디아망뜨 : D3852

DMC 25번사 : 210, 225, 304, 341, 369, 699, 762, 772, 775, B5200

사용한 스티치 레이지 데이지 스티치, 백 스티치, 새틴 스티치, 스트레이트 스티치, 스플릿 스티치, 프렌치 노트 스티치

수놓기

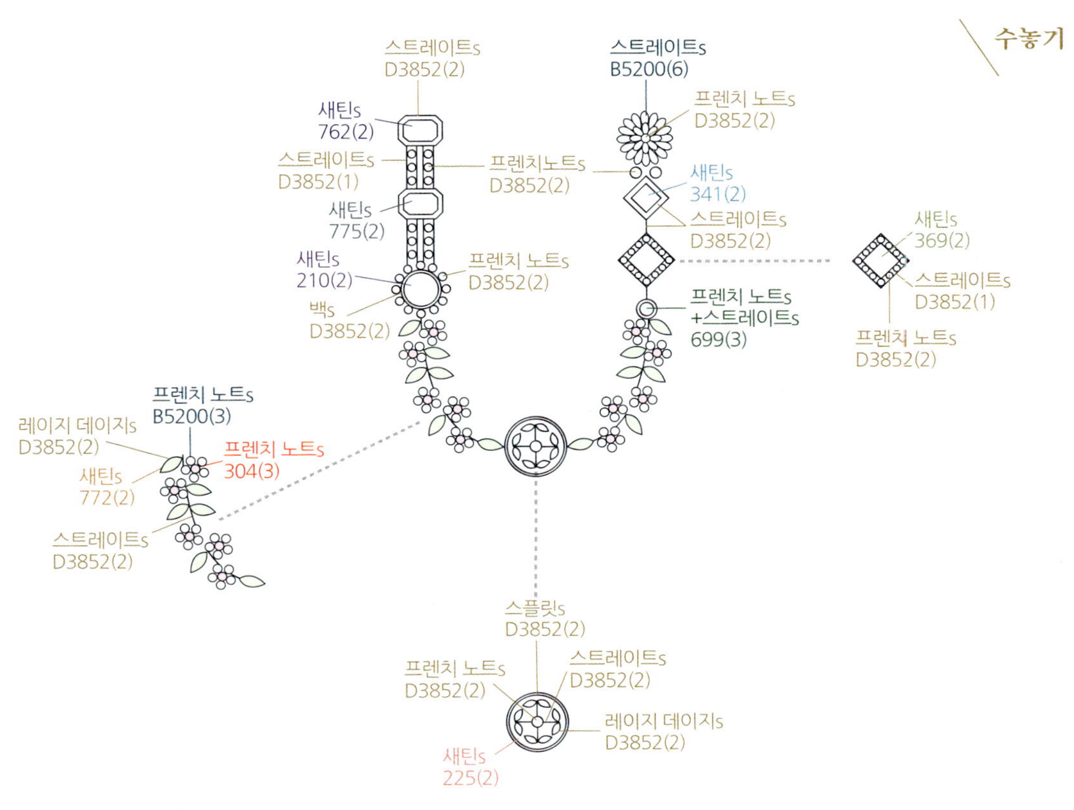

스트레이트s
D3852(2)
새틴s
762(2)
스트레이트s
D3852(1)
새틴s
775(2)
새틴s
210(2)
백s
D3852(2)
스트레이트s
B5200(6)
프렌치 노트s
D3852(2)
프렌치노트s
D3852(2)
새틴s
341(2)
스트레이트s
D3852(2)
프렌치 노트s
D3852(2)
프렌치 노트s
+스트레이트s
699(3)
새틴s
369(2)
스트레이트s
D3852(1)
프렌치 노트s
D3852(2)
프렌치 노트s
B5200(3)
레이지 데이지s
D3852(2)
프렌치 노트s
304(3)
새틴s
772(2)
스트레이트s
D3852(2)
스플릿s
D3852(2)
프렌치 노트s
D3852(2)
스트레이트s
D3852(2)
레이지 데이지s
D3852(2)
새틴s
225(2)

도안

도안 설명은 스티치→실 번호→(실의 가닥 수)로 표기했습니다.
예) 새틴s 928(2) : 928번 실 2가닥으로 새틴 스티치를 합니다.

대 문 자

사용한 원단	린넨(화이트)
사용한 실	DMC 디아망뜨 : D3852
	DMC 25번사 : 211, 225, 341, 369, 413, 550, 762, 772, 915, 3753, B5200
사용한 스티치	레이지 데이지 스티치, 백 스티치, 새틴 스티치, 스트레이트 스티치, 스플릿 스티치, 프렌치 노트 스티치

수놓기

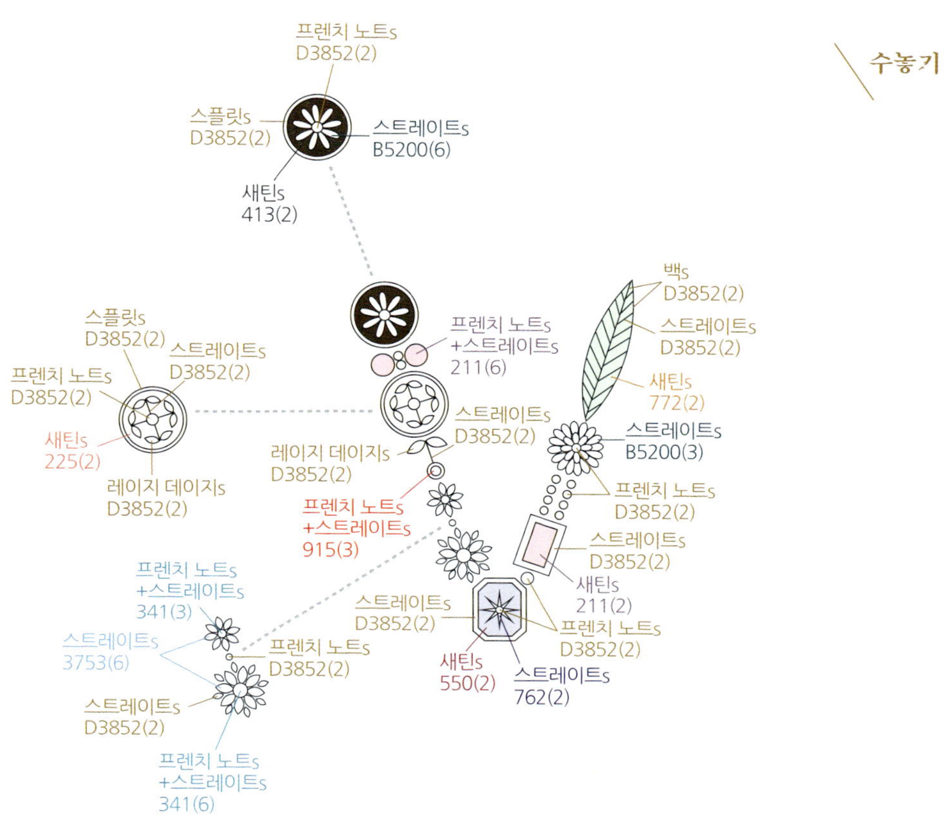

프렌치 노트s
D3852(2)
스플릿s
D3852(2)
스트레이트s
B5200(6)
새틴s
413(2)
백s
D3852(2)
스트레이트s
D3852(2)
새틴s
772(2)
프렌치 노트s
+스트레이트s
211(6)
스플릿s
D3852(2)
스트레이트s
D3852(2)
프렌치 노트s
D3852(2)
새틴s
225(2)
레이지 데이지s
D3852(2)
스트레이트s
D3852(2)
레이지 데이지s
D3852(2)
스트레이트s
B5200(3)
프렌치 노트s
D3852(2)
프렌치 노트s
+스트레이트s
915(3)
스트레이트s
D3852(2)
새틴s
211(2)
프렌치 노트s
+스트레이트s
341(3)
스트레이트s
3753(6)
프렌치 노트s
D3852(2)
스트레이트s
D3852(2)
프렌치 노트s
D3852(2)
새틴s
550(2)
스트레이트s
762(2)
스트레이트s
D3852(2)
프렌치 노트s
+스트레이트s
341(6)

도안

도안 설명은 스티치→실 번호→(실의 가닥 수)로 표기했습니다.
예) 새틴s 928(2) : 928번 실 2가닥으로 새틴 스티치를 합니다.

대 문 자

사용한 원단 린넨(화이트)

사용한 실 DMC 디아망뜨 : D3852

DMC 25번사 : 210, 211, 304, 340, 341, 413, 550, 762, 915, 928, 3753, B5200

사용한 스티치 레이지 데이지 스티치, 백 스티치, 새틴 스티치, 스트레이트 스티치, 스플릿 스티치, 프렌치 노트 스티치

수놓기

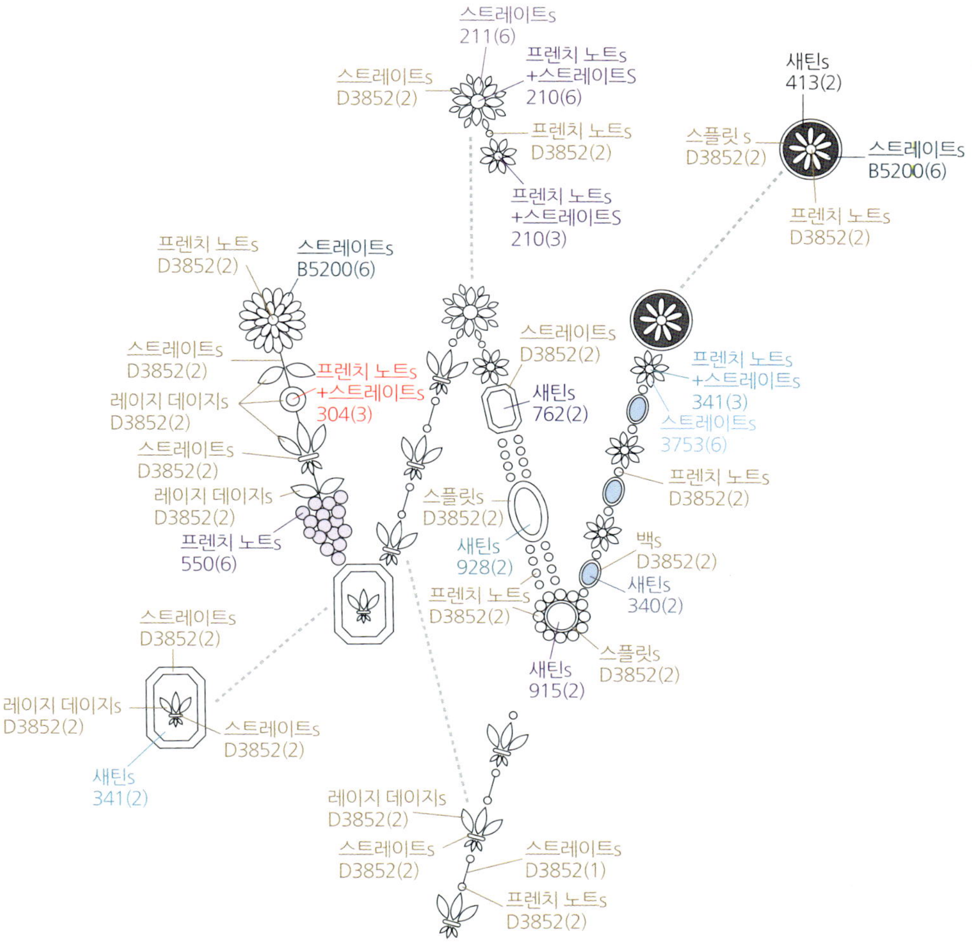

스트레이트s
211(6)

스트레이트s
D3852(2)

프렌치 노트s
+스트레이트S
210(6)

프렌치 노트s
D3852(2)

프렌치 노트s
+스트레이트S
210(3)

새틴s
413(2)

스플릿 s
D3852(2)

스트레이트s
B5200(6)

프렌치 노트s
D3852(2)

프렌치 노트s
D3852(2)

스트레이트s
B5200(6)

스트레이트s
D3852(2)

프렌치 노트s
+스트레이트s
304(3)

레이지 데이지s
D3852(2)

스트레이트s
D3852(2)

레이지 데이지s
D3852(2)

프렌치 노트s
550(6)

스트레이트s
D3852(2)

새틴s
762(2)

프렌치 노트s
+스트레이트s
341(3)

스트레이트s
3753(6)

프렌치 노트s
D3852(2)

스플릿s
D3852(2)

새틴s
928(2)

백s
D3852(2)

새틴s
340(2)

프렌치 노트s
D3852(2)

스플릿s
D3852(2)

새틴s
915(2)

스트레이트s
D3852(2)

레이지 데이지s
D3852(2)

스트레이트s
D3852(2)

새틴s
341(2)

레이지 데이지s
D3852(2)

스트레이트s
D3852(2)

스트레이트s
D3852(1)

프렌치 노트s
D3852(2)

도안

도안 설명은 스티치→실 번호→(실의 가닥 수)로 표기했습니다.
예) 새틴s 928(2) : 928번 실 2가닥으로 새틴 스티치를 합니다.

X

대 문 자

사용한 원단 린넨(화이트)

사용한 실 DMC 디아망뜨 : D3852

DMC 25번사 : 168, 225, 304, 340, 341, 413, 452, 746, 762, 3753, B5200

사용한 스티치 레이지 데이지 스티치, 새틴 스티치, 스트레이트 스티치, 스플릿 스티치, 프렌치 노트 스티치

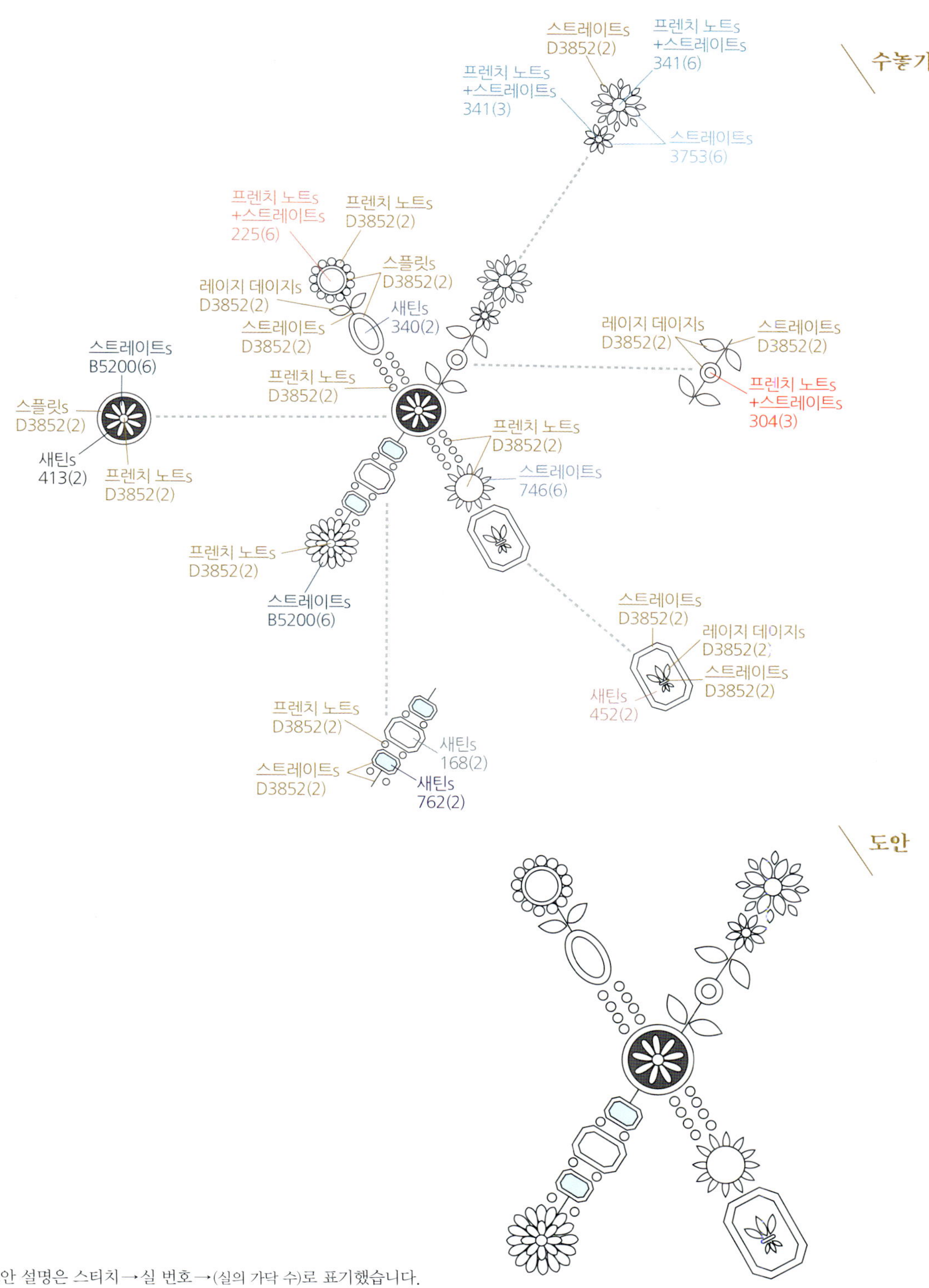
수놓기
스트레이트s
D3852(2)
프렌치 노트s
+스트레이트s
341(6)
프렌치 노트s
+스트레이트s
341(3)
스트레이트s
3753(6)
프렌치 노트s
+스트레이트s
225(6)
프렌치 노트s
D3852(2)
스플릿s
D3852(2)
레이지 데이지s
D3852(2)
새틴s
340(2)
스트레이트s
D3852(2)
레이지 데이지s
D3852(2)
스트레이트s
D3852(2)
스트레이트s
B5200(6)
프렌치 노트s
D3852(2)
프렌치 노트s
+스트레이트s
304(3)
스플릿s
D3852(2)
새틴s
413(2)
프렌치 노트s
D3852(2)
프렌치 노트s
D3852(2)
스트레이트s
746(6)
프렌치 노트s
D3852(2)
스트레이트s
B5200(6)
스트레이트s
D3852(2)
레이지 데이지s
D3852(2)
스트레이트s
D3852(2)
새틴s
452(2)
프렌치 노트s
D3852(2)
새틴s
168(2)
스트레이트s
D3852(2)
새틴s
762(2)
도안

도안 설명은 스티치→실 번호→(실의 가닥 수)로 표기했습니다.
예) 새틴s 928(2) : 928번 실 2가닥으로 새틴 스티치를 합니다.

Y

대 문 자

사용한 원단	린넨(화이트)
사용한 실	DMC 디아망뜨 : D3852
	DMC 25번사 : 210, 211, 340, 341, 369, 413, 746, 915, 3743, 3753, B5200
사용한 스티치	레이지 데이지 스티치, 백 스티치, 새틴 스티치, 스트레이트 스티치, 스플릿 스티치, 프렌치 노트 스티치

수놓기

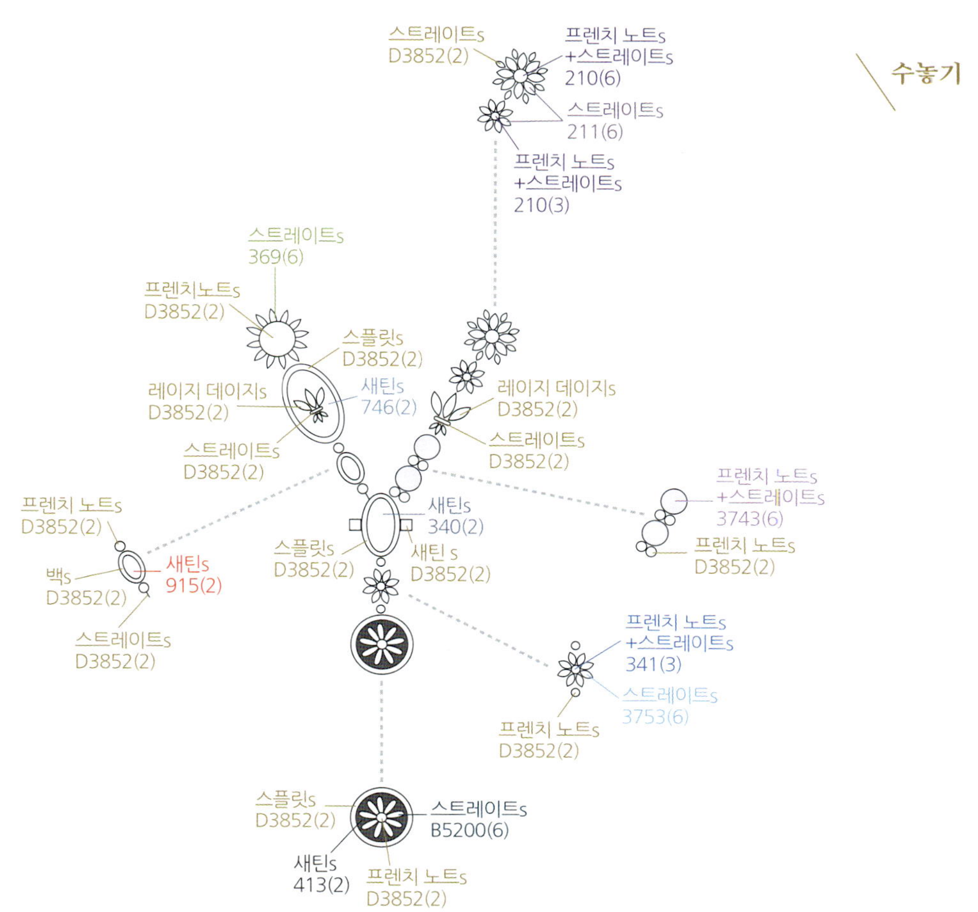
스트레이트s
D3852(2)
프렌치 노트s
+스트레이트s
210(6)
스트레이트s
211(6)
프렌치 노트s
+스트레이트s
210(3)
스트레이트s
369(6)
프렌치노트s
D3852(2)
스플릿s
D3852(2)
레이지 데이지s
D3852(2)
새틴s
746(2)
레이지 데이지s
D3852(2)
스트레이트s
D3852(2)
스트레이트s
D3852(2)
프렌치 노트s
+스트레이트s
3743(6)
프렌치 노트s
D3852(2)
새틴s
340(2)
스플릿s
D3852(2)
새틴 s
D3852(2)
새틴s
915(2)
백s
D3852(2)
스트레이트s
D3852(2)
프렌치 노트s
D3852(2)
프렌치 노트s
+스트레이트s
341(3)
스트레이트s
3753(6)
프렌치 노트s
D3852(2)
스플릿s
D3852(2)
스트레이트s
B5200(6)
새틴s
413(2)
프렌치 노트s
D3852(2)

도안

도안 설명은 스티치→실 번호→(실의 가닥 수)로 표기했습니다.
예) 새틴s 928(2) : 928번 실 2가닥으로 새틴 스티치를 합니다.

Z

대 문 자

사용한 원단	린넨(화이트)
사용한 실	DMC 디아망뜨 : D3852
	DMC 25번사 : 211, 225, 304, 341, 369, 413, 550, 746, 915, 3753
사용한 스티치	레이지 데이지 스티치, 백 스티치, 새틴 스티치, 스트레이트 스티치, 스플릿 스티치, 프렌치 노트 스티치

수놓기

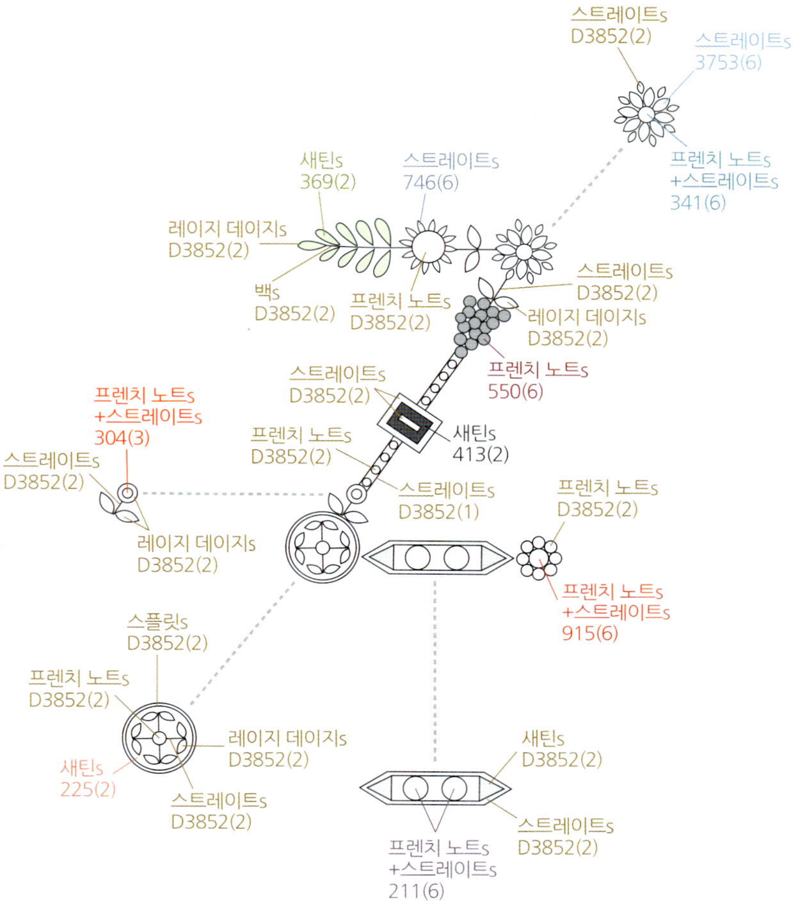

스트레이트s D3852(2)
스트레이트s 3753(6)
프렌치 노트s +스트레이트s 341(6)
새틴s 369(2)
스트레이트s 746(6)
레이지 데이지s D3852(2)
백s D3852(2)
프렌치 노트s D3852(2)
스트레이트s D3852(2)
레이지 데이지s D3852(2)
프렌치 노트s 550(6)
스트레이트s D3852(2)
새틴s 413(2)
프렌치 노트s +스트레이트s 304(3)
프렌치 노트s D3852(2)
스트레이트s D3852(2)
스트레이트s D3852(1)
레이지 데이지s D3852(2)
프렌치 노트s D3852(2)
프렌치 노트s +스트레이트s 915(6)
스플릿s D3852(2)
프렌치 노트s D3852(2)
레이지 데이지s D3852(2)
새틴s 225(2)
스트레이트s D3852(2)
새틴s D3852(2)
스트레이트s D3852(2)
프렌치 노트s +스트레이트s 211(6)

도안

도안 설명은 스티치→실 번호→(실의 가닥 수)로 표기했습니다.
예) 새틴s 928(2) : 928번 실 2가닥으로 새틴 스티치를 합니다.

HIJK
NOP

ABCDE
FGHIJK
LMNOP
QRSTU
VWXYZ

Alphabet Embroidery

PART
02

소문자

Small Letter

1. 색이 있는 동그란 부분 먼저 수놓아주세요.

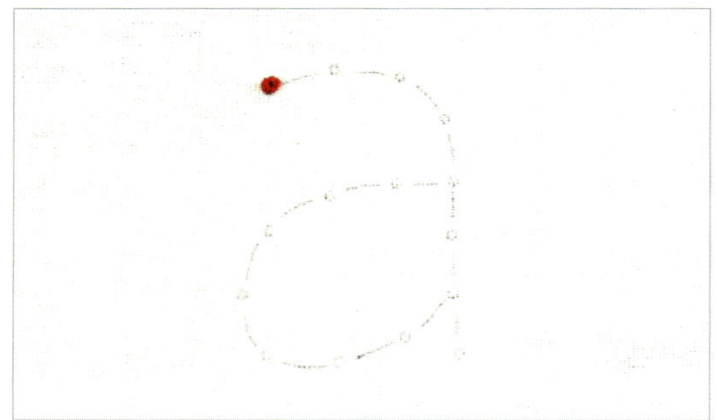

01 프렌치 노트 스티치를 해줍니다.

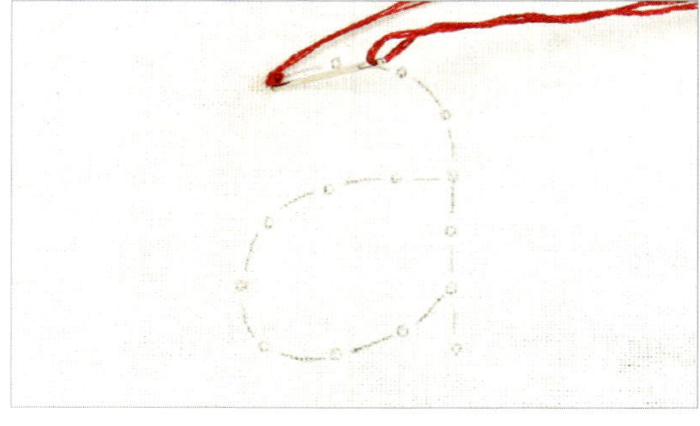

02 다시 근처로 나와 프렌치 노트 스티치를 한 부분을 덮어주듯이 두세 번 스트레이트 스티치를 해줍니다.

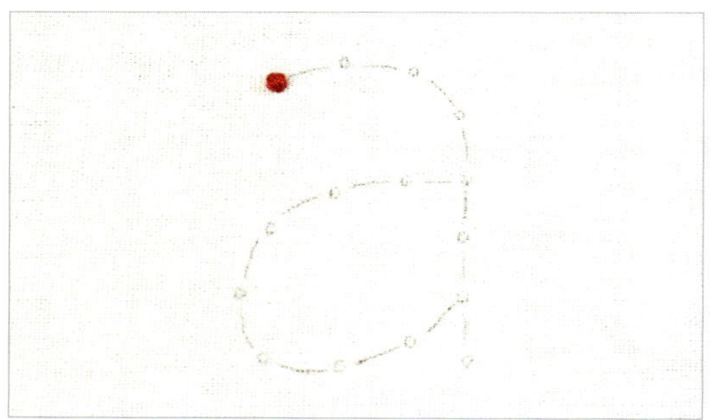

03 작은 구슬이 완성된 모습입니다.

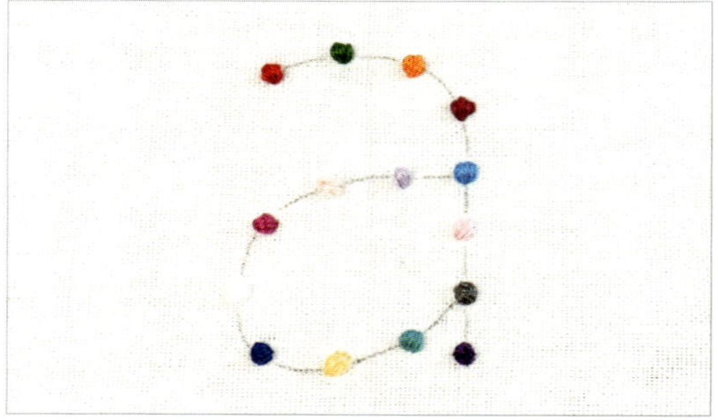

04 동그란 부분을 모두 프렌치 노트 스티치+스트레이트 스티치해줍니다.

2. 금사로 동그란 부분의 테두리를 감싸주세요.

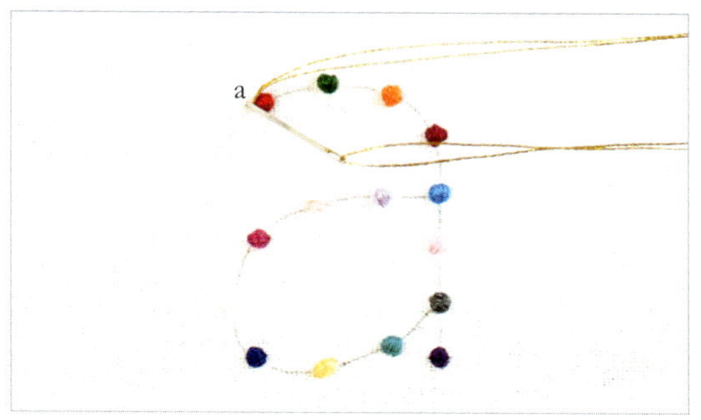
a

01 레이지 데이지 스티치를 하듯이 a에서 바늘을 빼주고 다시 a로 들어가 고리를 만들어줍니다.

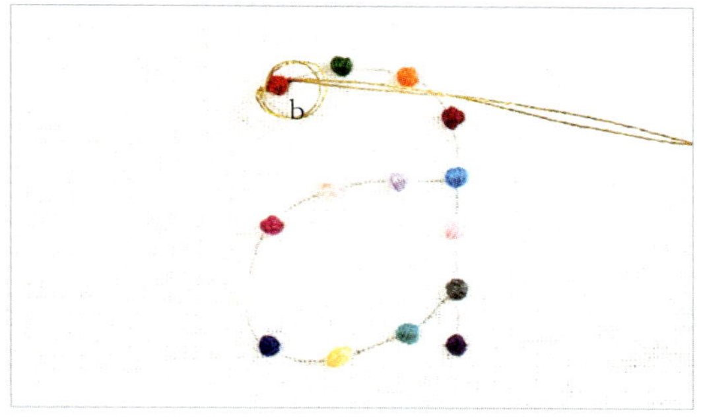
b

02 b로 나와서 고리를 동그란 부분에 딱 맞게 실을 당겨주세요.

03 고리를 천에 고정시킵니다.

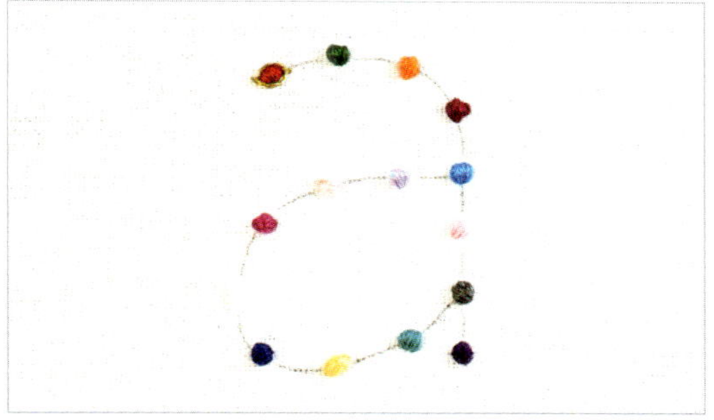

04 금사로 동그란 부분의 테두리를 감싼 모습입니다. 선 부분은 스플릿 스티치하고 이어서 테두리를 감싸는 과정을 반복합니다.

a

소 문 자

사용한 원단	린넨(화이트)
사용한 실	DMC 디아망뜨 : D3852(E3852로 대체할 수 있습니다.)
	DMC 25번사 : 210, 225, 304, 413, 550, 699, 718, 744, 796, 915, 3689, 3812, 3844, 3853, B5200
사용한 스티치	레이지 데이지 스티치, 스트레이트 스티치, 스플릿 스티치, 프렌치 노트 스티치

수놓기

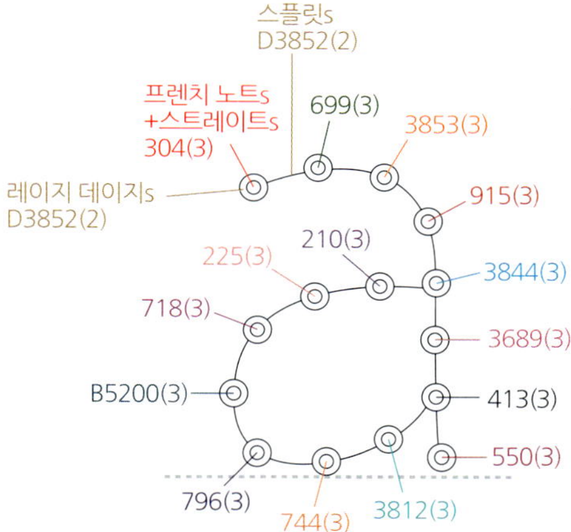

스플릿s
D3852(2)
프렌치 노트s
+스트레이트s
304(3)
699(3)
3853(3)
915(3)
레이지 데이지s
D3852(2)
225(3)
210(3)
3844(3)
718(3)
3689(3)
B5200(3)
413(3)
550(3)
796(3)
744(3)
3812(3)

도안

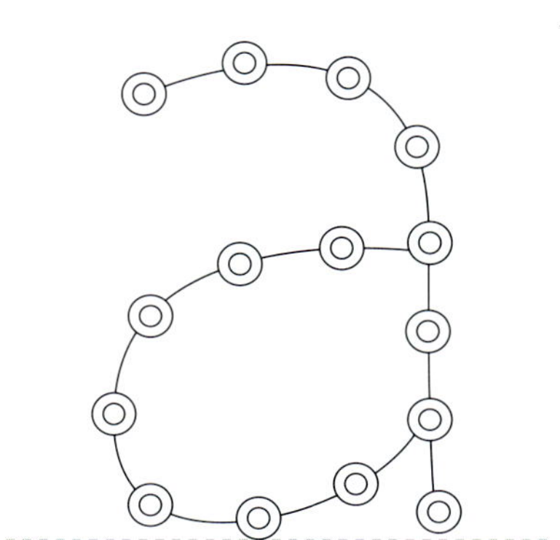

도안 설명은 스티치→실 번호→(실의 가닥 수)로 표기했습니다.
예) 새틴s 928(2) : 928번 실 2가닥으로 새틴 스티치를 합니다.

b

소 문 자

사용한 원단 린넨(화이트)

사용한 실 DMC 디아망뜨 : D3852

DMC 25번사 : 210, 225, 304, 413, 550, 699, 718, 744, 796, 915, 3689, 3812, 3844, 3853, B5200

사용한 스티치 레이지 데이지 스티치, 스트레이트 스티치, 스플릿 스티치, 프렌치 노트 스티치

수놓기

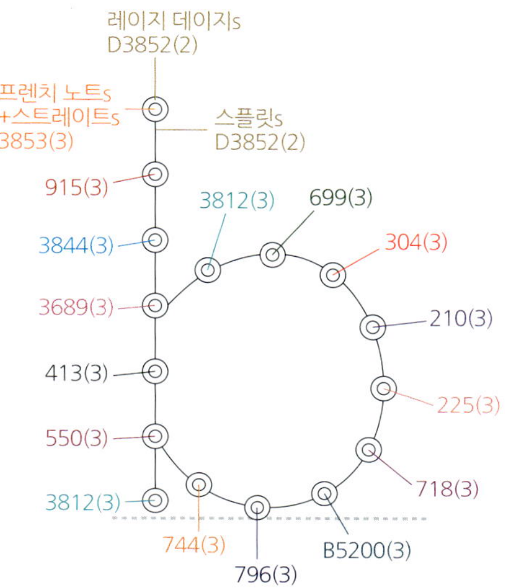

레이지 데이지s
D3852(2)
프렌치 노트s
+스트레이트s
3853(3)
스플릿s
D3852(2)
915(3)
3844(3)
3812(3)
699(3)
304(3)
3689(3)
210(3)
413(3)
225(3)
550(3)
718(3)
3812(3)
744(3)
796(3)
B5200(3)

도안

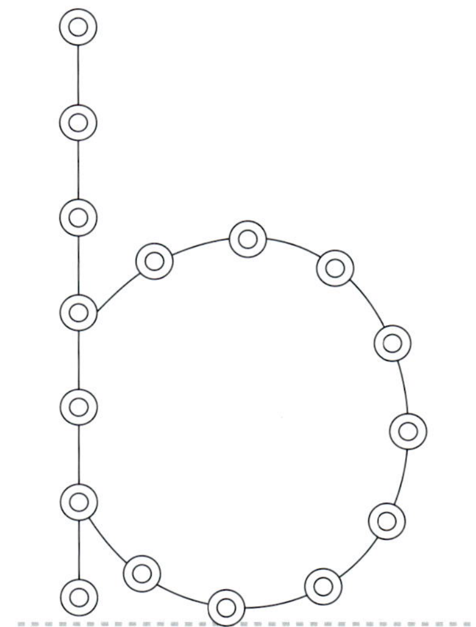

도안 설명은 스티치→실 번호→(실의 가닥 수)로 표기했습니다.
예) 새틴s 928(2) : 928번 실 2가닥으로 새틴 스티치를 합니다.

c

소 문 자

사용한 원단 린넨(화이트)

사용한 실 DMC 디아망뜨 : D3852

DMC 25번사 : 413, 550, 718, 744, 796, 3689, 3812, 3844, B5200

사용한 스티치 레이지 데이지 스티치, 스트레이트 스티치, 스플릿 스티치, 프렌치 노트 스티치

수놓기

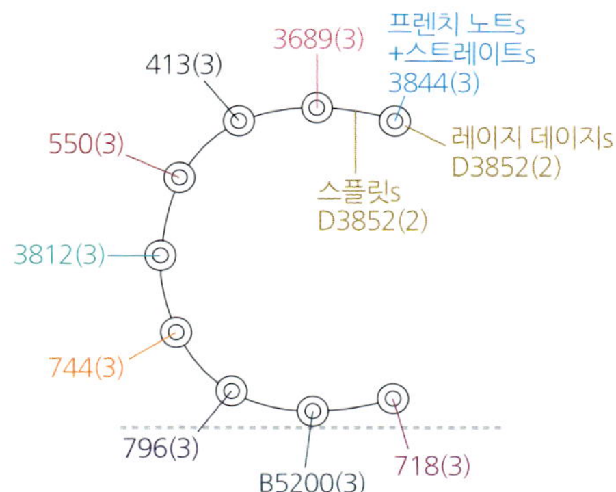

413(3)
3689(3)
프렌치 노트s
+스트레이트s
3844(3)
550(3)
레이지 데이지s
D3852(2)
스플릿s
D3852(2)
3812(3)
744(3)
796(3)
B5200(3)
718(3)

도안

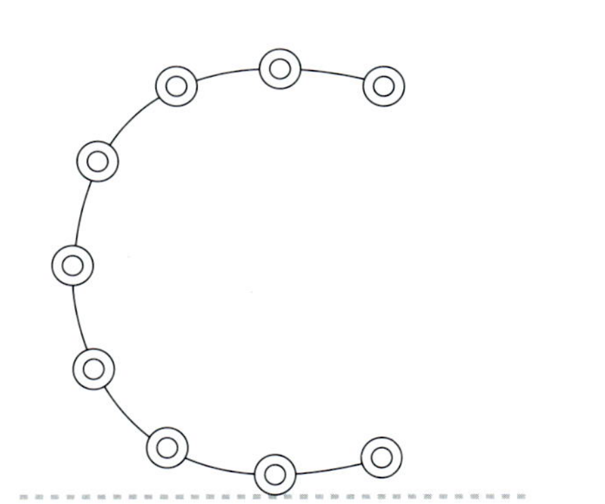

도안 설명은 스티치→실 번호→(실의 가닥 수)로 표기했습니다.
예) 새틴s 928(2) : 928번 실 2가닥으로 새틴 스티치를 합니다.

d

소 문 자

사용한 원단 린넨(화이트)

사용한 실 DMC 디아망뜨 : D3852

DMC 25번사 : 210, 225, 304, 413, 550, 699, 718, 744, 796, 915, 3689, 3812, 3844, 3853, B5200

사용한 스티치 레이지 데이지 스티치, 스트레이트 스티치, 스플릿 스티치, 프렌치 노트 스티치

수놓기

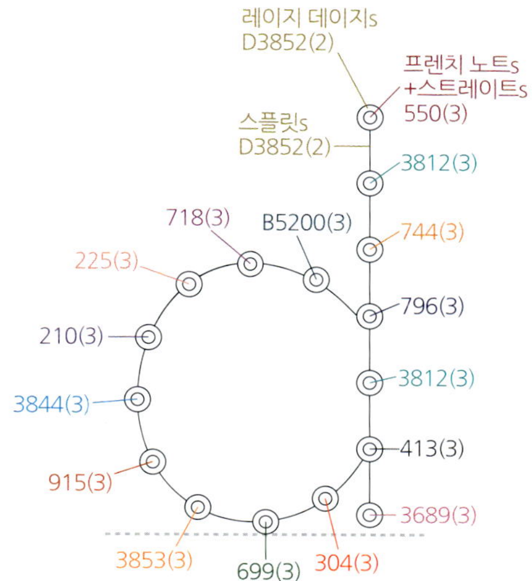

레이지 데이지s
D3852(2)
프렌치 노트s
+스트레이트s
550(3)
스플릿s
D3852(2)
3812(3)
718(3)
B5200(3)
744(3)
225(3)
796(3)
210(3)
3812(3)
3844(3)
413(3)
915(3)
3689(3)
3853(3)
699(3)
304(3)

도안

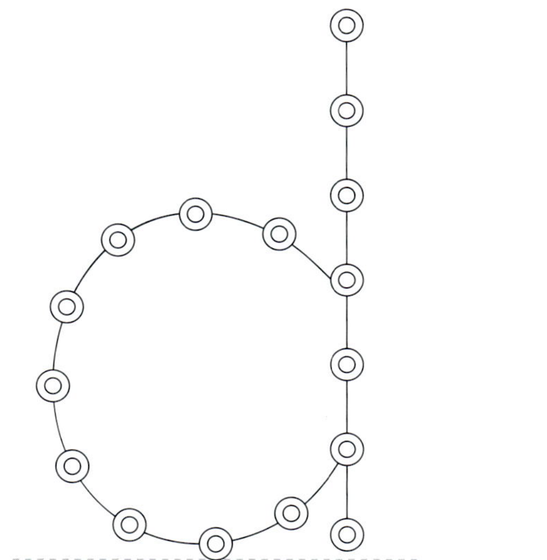

도안 설명은 스티치→실 번호→(실의 가닥 수)로 표기했습니다.
예) 새틴s 928(2) : 928번 실 2가닥으로 새틴 스티치를 합니다.

e

소 문 자

사용한 원단	린넨(화이트)
사용한 실	DMC 디아망뜨 : D3852 DMC 25번사 : 210, 304, 413, 550, 699, 718, 744, 796, 915, 3689, 3812, 3844, 3853, B5200
사용한 스티치	레이지 데이지 스티치, 스트레이트 스티치, 스플릿 스티치, 프렌치 노트 스티치

수놓기

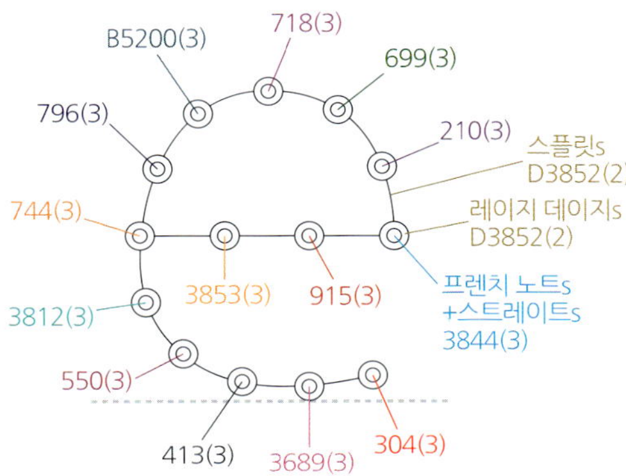

B5200(3)
718(3)
699(3)
796(3)
210(3)
스플릿s
D3852(2)
744(3)
레이지 데이지s
D3852(2)
3853(3)
915(3)
프렌치 노트s
+스트레이트s
3844(3)
3812(3)
550(3)
413(3)
3689(3)
304(3)

도안

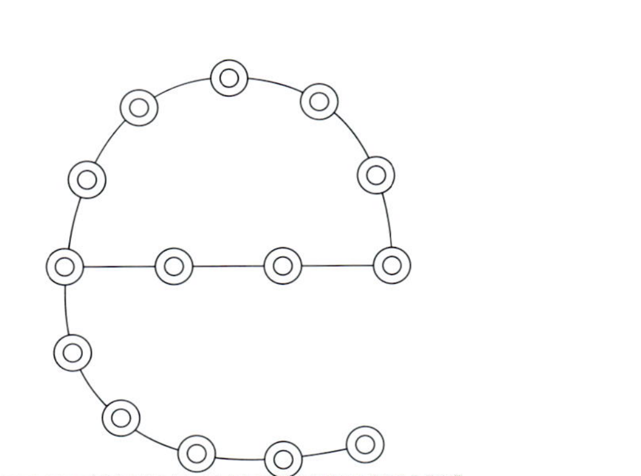

도안 설명은 스티치→실 번호→(실의 가닥 수)로 표기했습니다.
예) 새틴s 928(2) : 928번 실 2가닥으로 새틴 스티치를 합니다.

소 문 자

사용한 원단 린넨(화이트)

사용한 실 DMC 디아망뜨 : D3852

DMC 25번사 : 210, 225, 304, 699, 718, 744, 796, 915, 3689, 3812, 3844, B5200

사용한 스티치 레이지 데이지 스티치, 스트레이트 스티치, 스플릿 스티치, 프렌치 노트 스티치

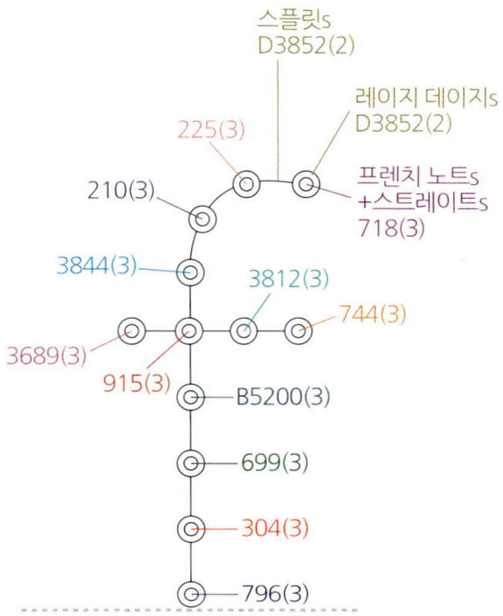

수놓기

스플릿s
D3852(2)
레이지 데이지s
D3852(2)
225(3)
210(3)
프렌치 노트s
+스트레이트s
718(3)
3844(3)
3812(3)
744(3)
3689(3)
915(3)
B5200(3)
699(3)
304(3)
796(3)

도안

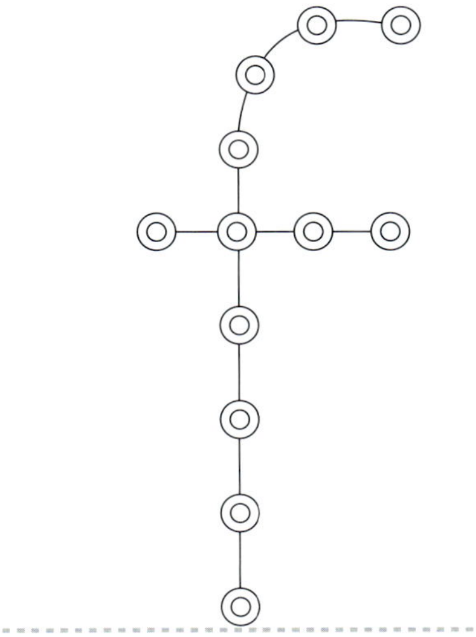

도안 설명은 스티치→실 번호→(실의 가닥 수)로 표기했습니다.
예) 새틴s 928(2) : 928번 실 2가닥으로 새틴 스티치를 합니다.

g

소 문 자

사용한 원단	린넨(화이트)
사용한 실	DMC 디아망뜨 : D3852 DMC 25번사 : 210, 225, 304, 413, 550, 699, 718, 744, 796, 915, 3689, 3812, 3844, 3853, B5200
사용한 스티치	레이지 데이지 스티치, 스트레이트 스티치, 스플릿 스티치, 프렌치 노트 스티치

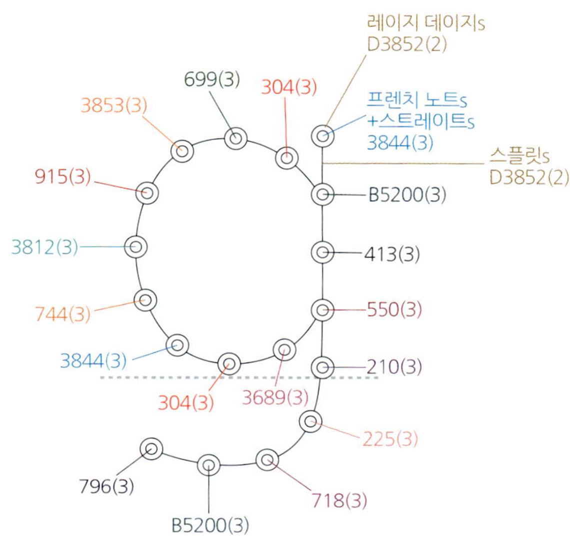

레이지 데이지s
D3852(2)
699(3)
304(3)
3853(3)
프렌치 노트s
+스트레이트s
3844(3)
스플릿s
D3852(2)
915(3)
B5200(3)
3812(3)
413(3)
744(3)
550(3)
3844(3)
210(3)
304(3)
3689(3)
225(3)
796(3)
718(3)
B5200(3)

도안

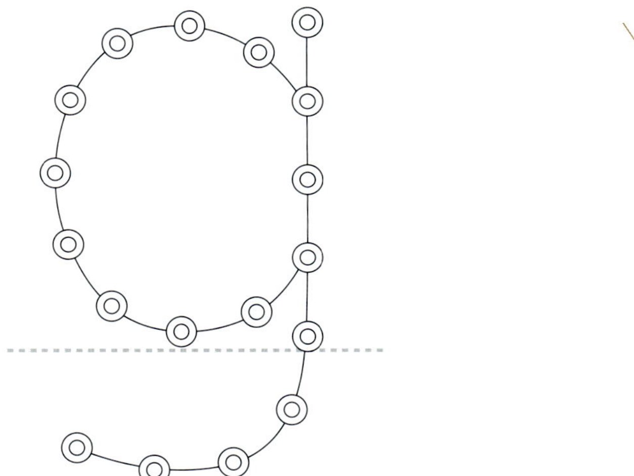

도안 설명은 스티치→실 번호→(실의 가닥 수)로 표기했습니다.
예) 새틴s 928(2) : 928번 실 2가닥으로 새틴 스티치를 합니다.

h

소 문 자

사용한 원단	린넨(화이트)
사용한 실	DMC 디아망뜨 : D3852 DMC 25번사 : 210, 225, 304, 550, 699, 718, 744, 796, 915, 3689, 3812, 3844, B5200
사용한 스티치	레이지 데이지 스티치, 스트레이트 스티치, 스플릿 스티치, 프렌치 노트 스티치

수놓기

레이지 데이지s
D3852(2)
프렌치 노트s
+스트레이트s
915(3)
스플릿s
D3852(2)
3844(3)
3689(3)
225(3)
718(3)
744(3)
3689(3)
210(3)
550(3)
796(3)
B5200(3)
744(3)
699(3)
3844(3)
304(3)
3812(3)

도안

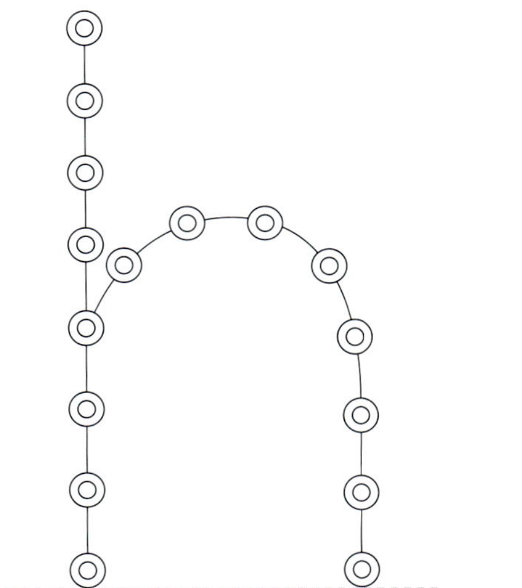

도안 설명은 스티치→실 번호→(실의 가닥 수)로 표기했습니다.
예) 새틴s 928(2) : 928번 실 2가닥으로 새틴 스티치를 합니다.

i

소 문 자

사용한 원단	린넨(화이트)
사용한 실	DMC 디아망뜨 : D3852
	DMC 25번사 : 210, 304, 550, 699, 744, 796, 3689
사용한 스티치	레이지 데이지 스티치, 스트레이트 스티치, 스플릿 스티치, 프렌치 노트 스티치

수놓기

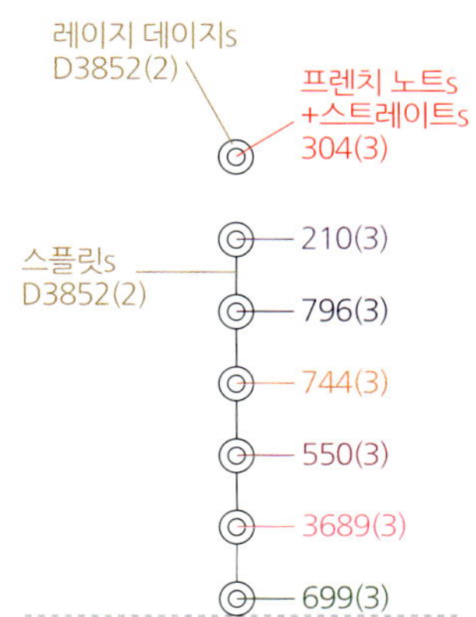
레이지 데이지s
D3852(2)
프렌치 노트s
+스트레이트s
304(3)
210(3)
스플릿s
D3852(2)
796(3)
744(3)
550(3)
3689(3)
699(3)

도안

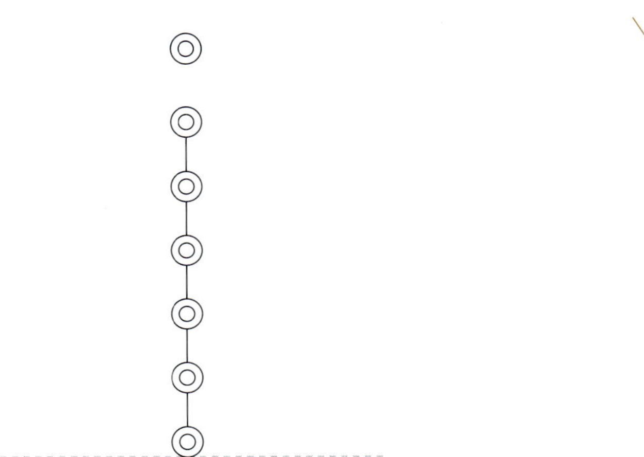

도안 설명은 스티치→실 번호→(실의 가닥 수)로 표기했습니다.
예) 새틴s 928(2) : 928번 실 2가닥으로 새틴 스티치를 합니다.

j

소 문 자

사용한 원단	린넨(화이트)
사용한 실	DMC 디아망뜨 : D3852
	DMC 25번사 : 210, 699, 718, 744, 796, 915, 3689, 3844, 3853, B5200
사용한 스티치	레이지 데이지 스티치, 스트레이트 스티치, 스플릿 스티치, 프렌치 노트 스티치

수놓기

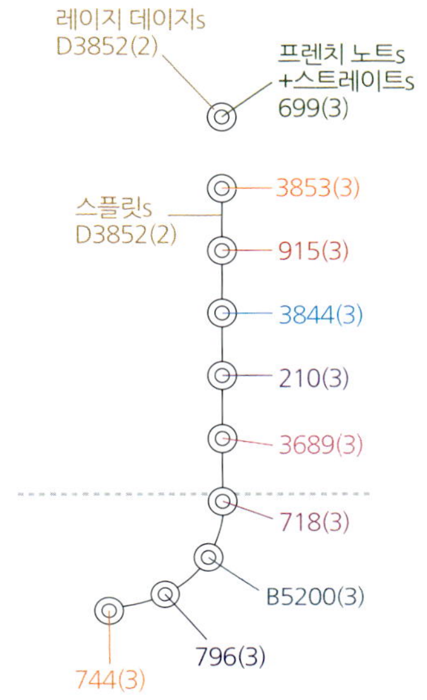
레이지 데이지s
D3852(2)
프렌치 노트s
+스트레이트s
699(3)
3853(3)
스플릿s
D3852(2)
915(3)
3844(3)
210(3)
3689(3)
718(3)
B5200(3)
796(3)
744(3)

도안

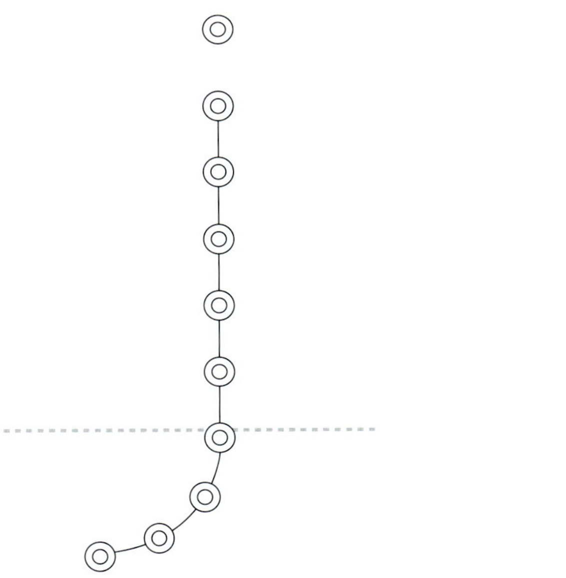

도안 설명은 스티치→실 번호→(실의 가닥 수)로 표기했습니다.
예) 새틴s 928(2) : 928번 실 2가닥으로 새틴 스티치를 합니다.

k

소 문 자

사용한 원단	린넨(화이트)
사용한 실	DMC 디아망뜨 : D3852 DMC 25번사 : 210, 225, 304, 413, 550, 699, 718, 744, 796, 915, 3689, 3812, 3844, 3853, B5200
사용한 스티치	레이지 데이지 스티치, 스트레이트 스티치, 스플릿 스티치, 프렌치 노트 스티치

수놓기

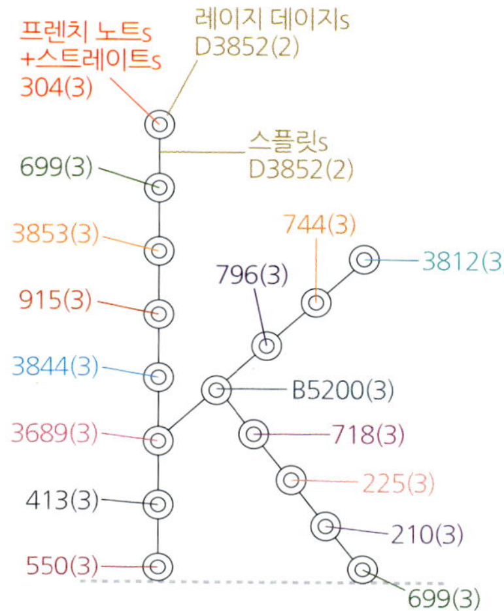

프렌치 노트s
+스트레이트s
304(3)
레이지 데이지s
D3852(2)
스플릿s
D3852(2)
699(3)
3853(3)
744(3)
3812(3)
796(3)
915(3)
3844(3)
B5200(3)
3689(3)
718(3)
225(3)
413(3)
210(3)
550(3)
699(3)

도안

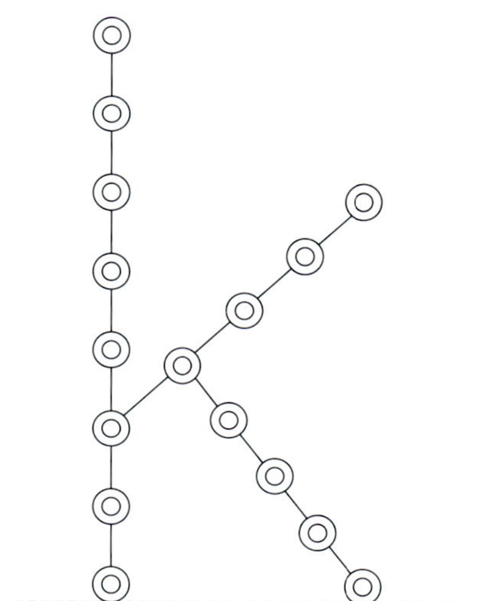

도안 설명은 스티치→실 번호→(실의 가닥 수)로 표기했습니다.
예) 새틴s 928(2) : 928번 실 2가닥으로 새틴 스티치를 합니다.

l

소 문 자

사용한 원단 린넨(화이트)

사용한 실 DMC 디아망뜨 : D3852

DMC 25번사 : 225, 550, 699, 718, 796, 3844, 3853, B5200

사용한 스티치 레이지 데이지 스티치, 스트레이트 스티치, 스플릿 스티치, 프렌치 노트 스티치

수놓기

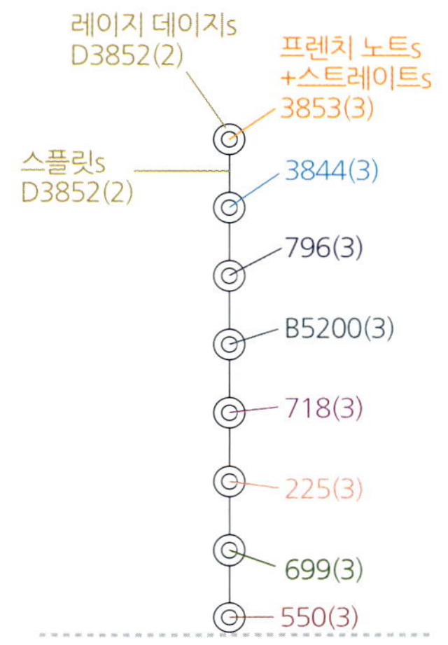

레이지 데이지s
D3852(2)
프렌치 노트s
+스트레이트s
3853(3)
스플릿s
D3852(2)
3844(3)
796(3)
B5200(3)
718(3)
225(3)
699(3)
550(3)

도안

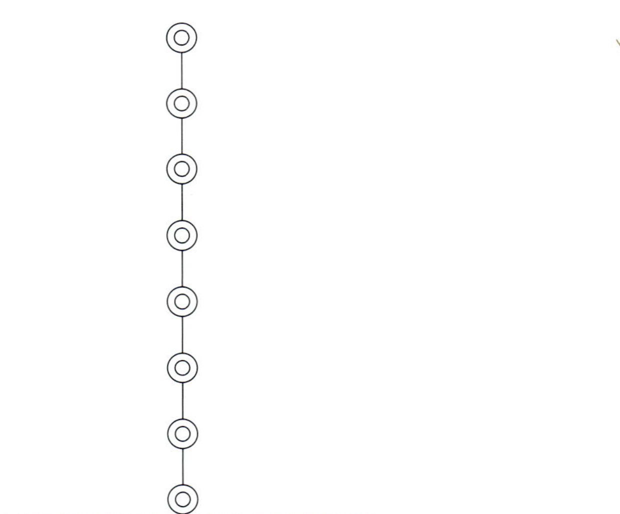

도안 설명은 스티치→실 번호→(실의 가닥 수)로 표기했습니다.
예) 새틴s 928(2) : 928번 실 2가닥으로 새틴 스티치를 합니다.

m

소문자

사용한 원단	린넨(화이트)
사용한 실	DMC 디아망뜨 : D3852 DMC 25번사 : 210, 225, 304, 413, 550, 699, 718, 744, 796, 915, 3689, 3812, 3844, 3853, B5200
사용한 스티치	레이지 데이지 스티치, 스트레이트 스티치, 스플릿 스티치, 프렌치 노트 스티치

수놓기

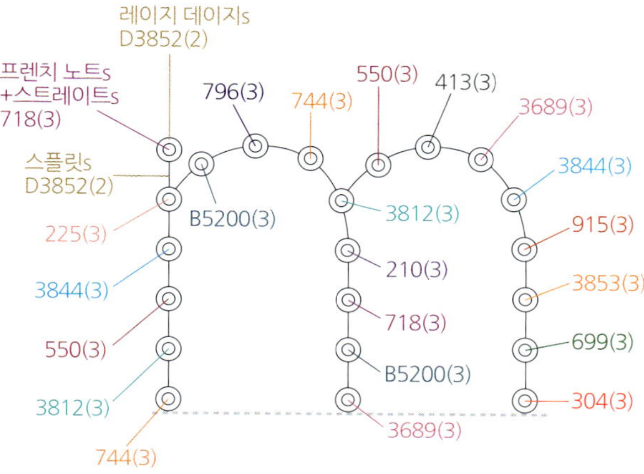
레이지 데이지s
D3852(2)
프렌치 노트s
+스트레이트s
718(3)
스플릿s
D3852(2)
225(3)
3844(3)
550(3)
3812(3)
744(3)
796(3)
B5200(3)
744(3)
550(3)
413(3)
3689(3)
3812(3)
210(3)
718(3)
B5200(3)
3689(3)
3844(3)
915(3)
3853(3)
699(3)
304(3)

도안

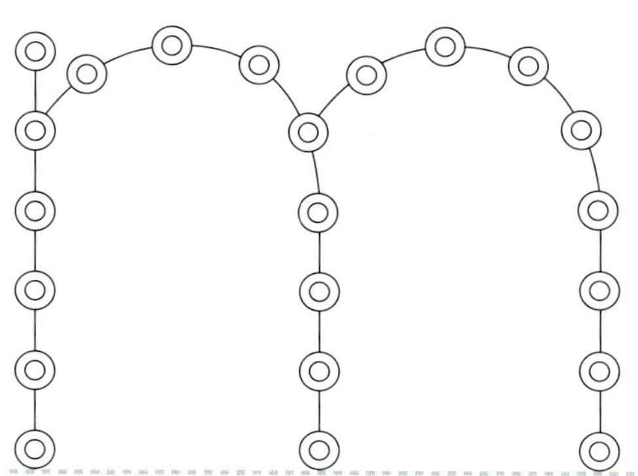

도안 설명은 스티치→실 번호→(실의 가닥 수)로 표기했습니다.
예) 새틴s 928(2) : 928번 실 2가닥으로 새틴 스티치를 합니다.

n

소 문 자

사용한 원단 린넨(화이트)

사용한 실 DMC 디아망뜨 : D3852

DMC 25번사 : 210, 225, 413, 550, 699, 718, 744, 796, 915, 3689, 3812, 3844, 3853, B5200

사용한 스티치 레이지 데이지 스티치, 스트레이트 스티치, 스플릿 스티치, 프렌치 노트 스티치

수놓기

프렌치 노트s
+스트레이트s
3812(3)
레이지 데이지s
D3852(2)
744(3)
3853(3)
B5200(3)
796(3)
550(3)
스플릿s
D3852(2)
210(3)
413(3)
3689(3)
718(3)
3844(3)
225(3)
915(3)
699(3)

도안

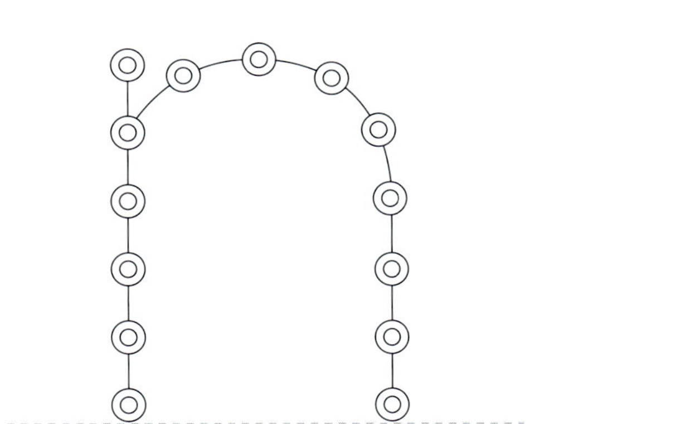

도안 설명은 스티치→실 번호→(실의 가닥 수)로 표기했습니다.
예) 새틴s 928(2) : 928번 실 2가닥으로 새틴 스티치를 합니다.

O

소 문 자

사용한 원단	린넨(화이트)
사용한 실	DMC 디아망뜨 : D3852 DMC 25번사 : 225, 304, 413, 550, 699, 718, 744, 796, 915, 3689, 3812, 3853, B5200
사용한 스티치	레이지 데이지 스티치, 스트레이트 스티치, 스플릿 스티치, 프렌치 노트 스티치

수놓기

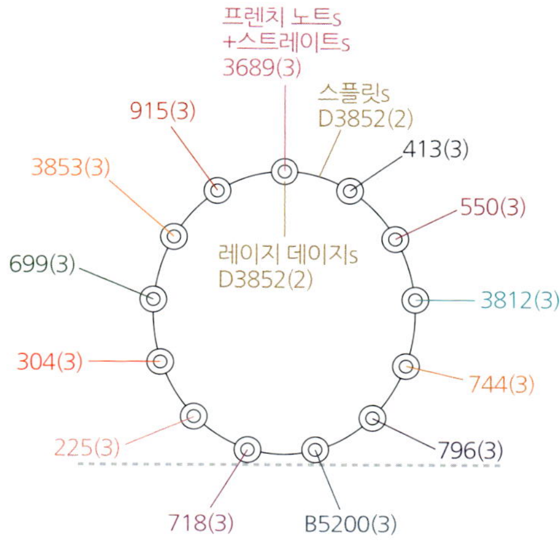

프렌치 노트s
+스트레이트s
3689(3)
스플릿s
D3852(2)
915(3)
413(3)
3853(3)
550(3)
레이지 데이지s
D3852(2)
699(3)
3812(3)
304(3)
744(3)
225(3)
796(3)
718(3)
B5200(3)

도안

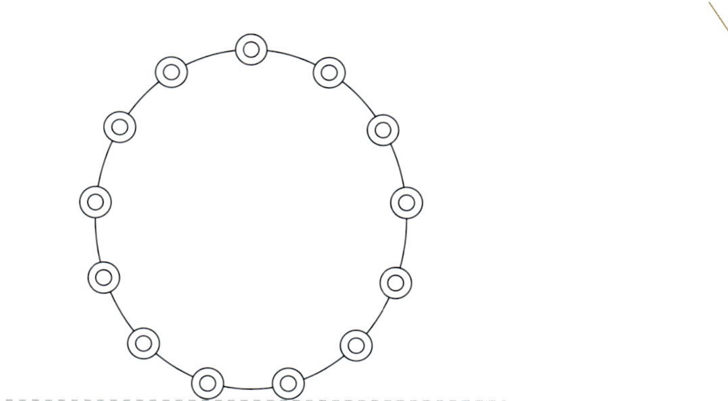

도안 설명은 스티치→실 번호→(실의 가닥 수)로 표기했습니다.
예) 새틴s 928(2) : 928번 실 2가닥으로 새틴 스티치를 합니다.

p

소 문 자

사용한 원단	린넨(화이트)
사용한 실	DMC 디아망뜨 : D3852 DMC 25번사 : 210, 225, 304, 413, 550, 699, 718, 744, 796, 915, 3689, 3812, 3844, 3853, B5200
사용한 스티치	레이지 데이지 스티치, 스트레이트 스티치, 스플릿 스티치, 프렌치 노트 스티치

수놓기

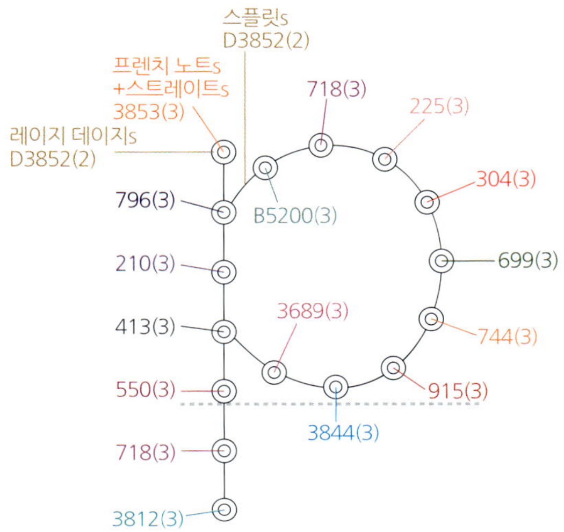
스플릿s
D3852(2)
프렌치 노트s
+스트레이트s
3853(3)
레이지 데이지s
D3852(2)
718(3)
225(3)
304(3)
796(3)
B5200(3)
699(3)
210(3)
3689(3)
413(3)
744(3)
550(3)
915(3)
3844(3)
718(3)
3812(3)

도안

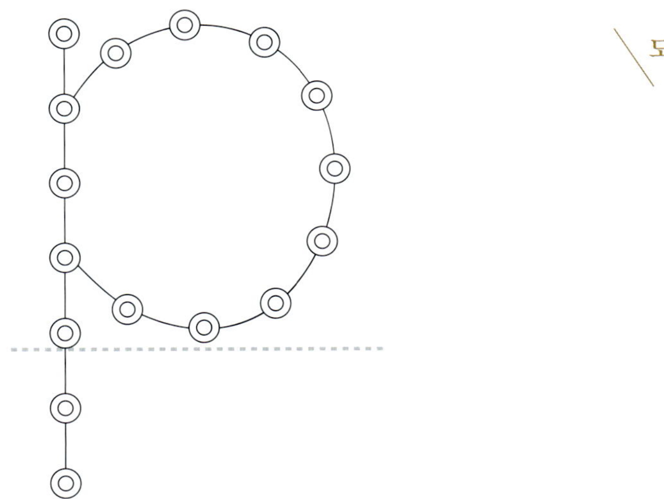

도안 설명은 스티치→실 번호→(실의 가닥 수)로 표기했습니다.
예) 새틴s 928(2) : 928번 실 2가닥으로 새틴 스티치를 합니다.

q

소 문 자

사용한 원단	린넨(화이트)
사용한 실	DMC 디아망뜨 : D3852
	DMC 25번사 : 210, 225, 304, 413, 550, 699, 718, 744, 796, 915, 3689, 3812, 3844, 3853, B5200
사용한 스티치	레이지 데이지 스티치, 스트레이트 스티치, 스플릿 스티치, 프렌치 노트 스티치

수놓기

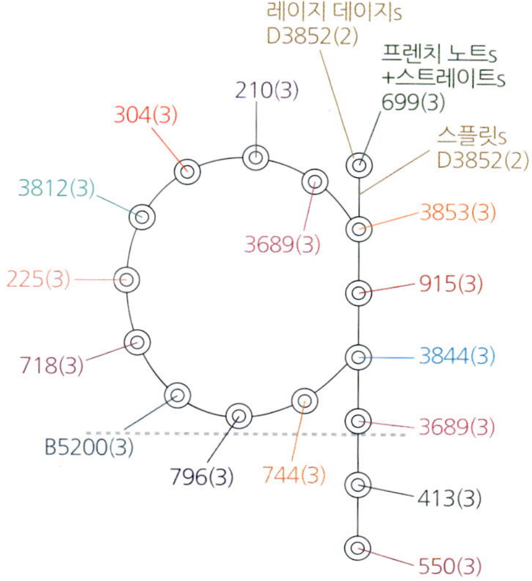

레이지 데이지s
D3852(2)
프렌치 노트s
+스트레이트s
699(3)
210(3)
304(3)
스플릿s
D3852(2)
3812(3)
3853(3)
3689(3)
225(3)
915(3)
718(3)
3844(3)
3689(3)
B5200(3)
796(3)
744(3)
413(3)
550(3)

도안

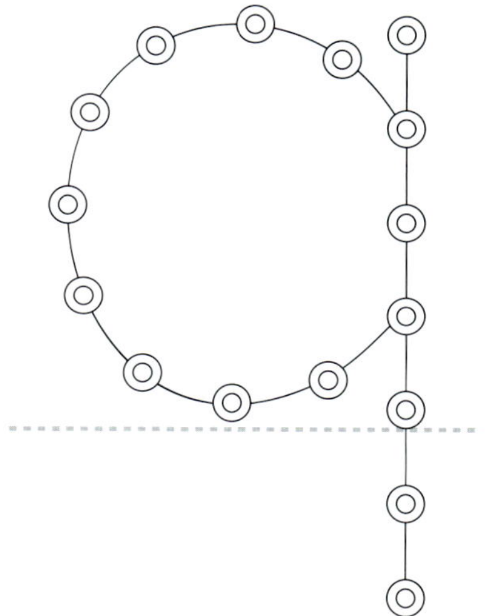

도안 설명은 스티치→실 번호→(실의 가닥 수)로 표기했습니다.
예) 새틴s 928(2) : 928번 실 2가닥으로 새틴 스티치를 합니다.

r

소 문 자

사용한 원단	린넨(화이트)
사용한 실	DMC 디아망뜨 : D3852
	DMC 25번사 : 210, 304, 699, 718, 744, 796, 915, 3689, 3844
사용한 스티치	레이지 데이지 스티치, 스트레이트 스티치, 스플릿 스티치, 프렌치 노트 스티치

수놓기

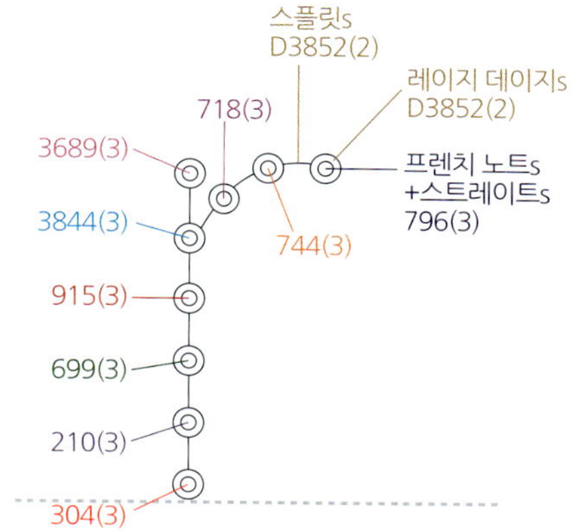
스플릿s
D3852(2)
레이지 데이지s
D3852(2)
718(3)
3689(3)
프렌치 노트s
+스트레이트s
796(3)
3844(3)
744(3)
915(3)
699(3)
210(3)
304(3)

도안

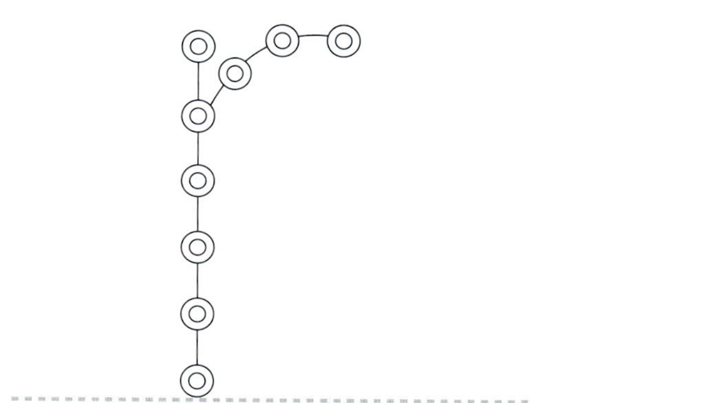

도안 설명은 스티치→실 번호→(실의 가닥 수)로 표기했습니다.
예) 새틴s 928(2) : 928번 실 2가닥으로 새틴 스티치를 합니다.

S

소 문 자

사용한 원단 린넨(화이트)

사용한 실 DMC 디아망뜨 : D3852
DMC 25번사 : 210, 304, 413, 550, 699, 744, 796, 915, 3812, 3844, 3853, B5200

사용한 스티치 레이지 데이지 스티치, 스트레이트 스티치, 스플릿 스티치, 프렌치 노트 스티치

수놓기

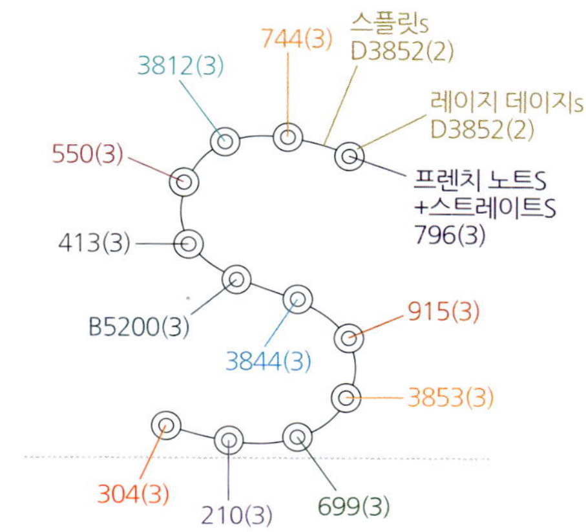

744(3)
스플릿s
D3852(2)
3812(3)
레이지 데이지s
D3852(2)
550(3)
프렌치 노트S
+스트레이트S
796(3)
413(3)
915(3)
B5200(3)
3844(3)
3853(3)
304(3)
210(3)
699(3)

도안

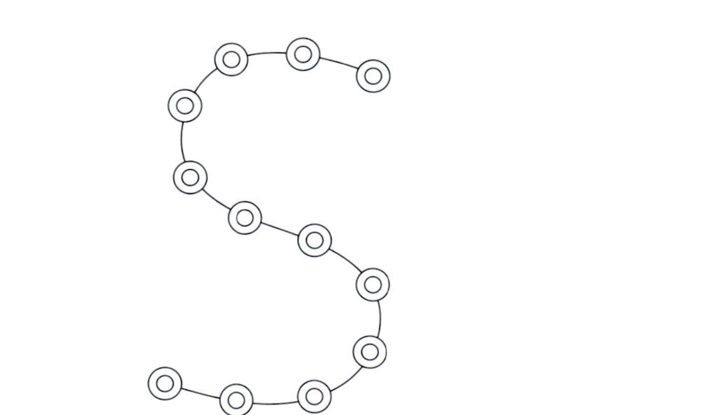

도안 설명은 스티치→실 번호→(실의 가닥 수)로 표기했습니다.
예) 새틴s 928(2) : 928번 실 2가닥으로 새틴 스티치를 합니다.

t

소 문 자

사용한 원단 린넨(화이트)

사용한 실 DMC 디아망뜨 : D3852

DMC 25번사 : 210, 550, 699, 744, 796, 915, 3689, 3812, 3844, 3853, B5200

사용한 스티치 레이지 데이지 스티치, 스트레이트 스티치, 스플릿 스티치, 프렌치 노트 스티치

수놓기

레이지 데이지s
D3852(2)
프렌치 노트s
+스트레이트s
210(3)
스플릿s
D3852(2)
699(3)
550(3)
3812(3)
744(3)
B5200(3)
3853(3)
3844(3)
915(3)
3689(3)
796(3)

도안

도안 설명은 스티치→실 번호→(실의 가닥 수)로 표기했습니다.
예) 새틴s 928(2) : 928번 실 2가닥으로 새틴 스티치를 합니다.

u

소 문 자

사용한 원단	린넨(화이트)
사용한 실	DMC 디아망뜨 : D3852 DMC 25번사 : 210, 225, 304, 413, 550, 699, 718, 744, 796, 915, 3689, 3812, 3844, B5200
사용한 스티치	레이지 데이지 스티치, 스트레이트 스티치, 스플릿 스티치, 프렌치 노트 스티치

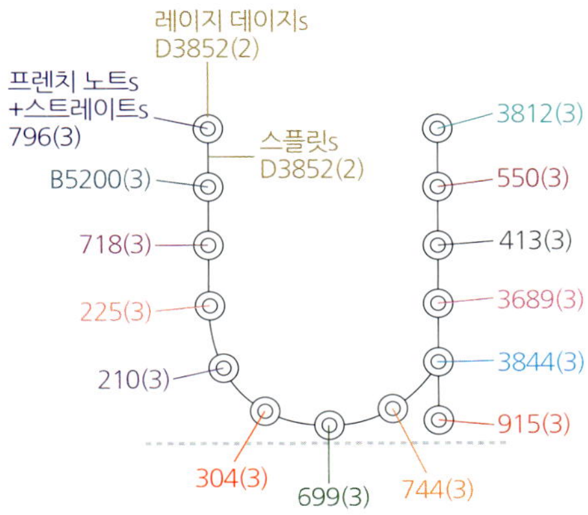
레이지 데이지s
D3852(2)
프렌치 노트s
+스트레이트s
796(3)
스플릿s
D3852(2)
B5200(3)
718(3)
225(3)
210(3)
304(3)
699(3)
744(3)
3812(3)
550(3)
413(3)
3689(3)
3844(3)
915(3)

도안

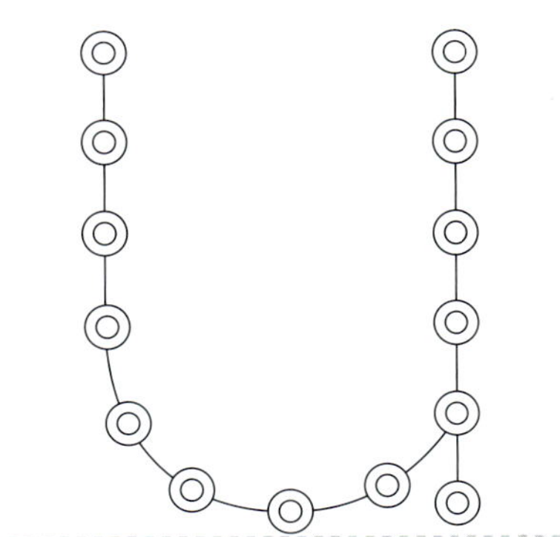

도안 설명은 스티치→실 번호→(실의 가닥 수)로 표기했습니다.
예) 새틴s 928(2) : 928번 실 2가닥으로 새틴 스티치를 합니다.

V

소 문 자

사용한 원단 린넨(화이트)

사용한 실 DMC 디아망뜨 : D3852

DMC 25번사 : 304, 413, 550, 699, 718, 744, 796, 915, 3689, 3844, B5200

사용한 스티치 레이지 데이지 스티치, 스트레이트 스티치, 스플릿 스티치, 프렌치 노트 스티치

수놓기

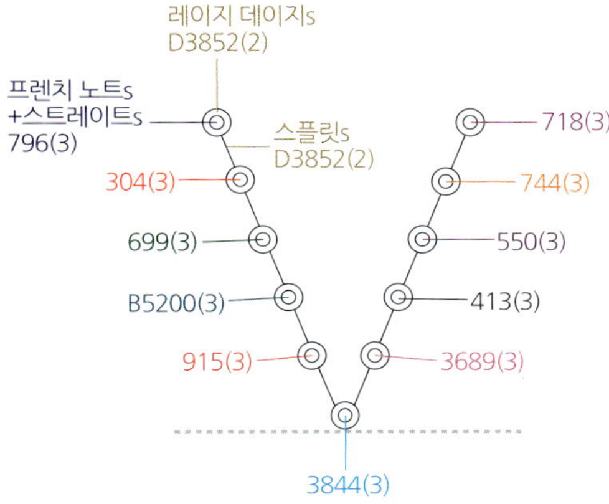
레이지 데이지s
D3852(2)
프렌치 노트s
+스트레이트s
796(3)
스플릿s
D3852(2)
304(3)
699(3)
B5200(3)
915(3)
718(3)
744(3)
550(3)
413(3)
3689(3)
3844(3)

도안

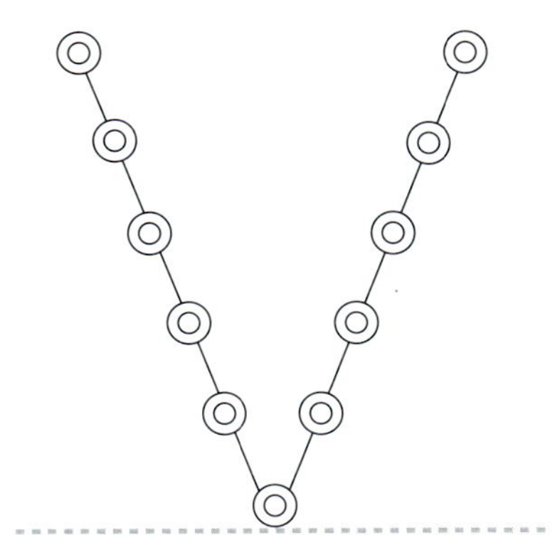

도안 설명은 스티치→실 번호→(실의 가닥 수)로 표기했습니다.
예) 새틴s 928(2) : 928번 실 2가닥으로 새틴 스티치를 합니다.

W

소 문 자

사용한 원단 린넨(화이트)

사용한 실 DMC 디아망뜨 : D3852

DMC 25번사 : 210, 304, 413, 550, 699, 744, 796, 915, 3689, 3812, 3844, 3853, B5200

사용한 스티치 레이지 데이지 스티치, 스트레이트 스티치, 스플릿 스티치, 프렌치 노트 스티치

수놓기

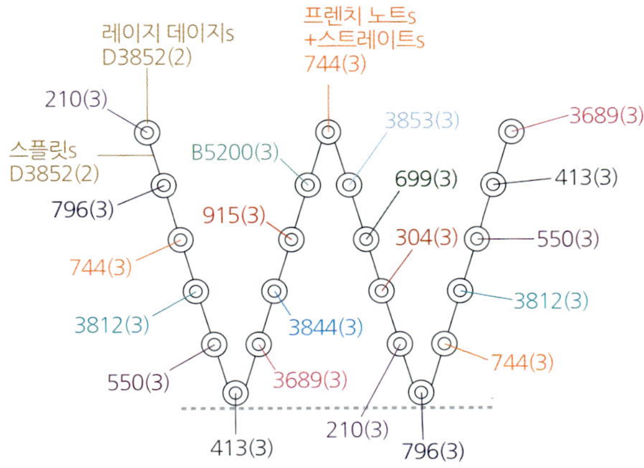

레이지 데이지s
D3852(2)
프렌치 노트s
+스트레이트s
744(3)
210(3)
3853(3)
3689(3)
스플릿s
D3852(2)
B5200(3)
699(3)
413(3)
796(3)
915(3)
304(3)
550(3)
744(3)
3812(3)
3812(3)
3844(3)
744(3)
550(3)
3689(3)
210(3)
413(3)
796(3)

도안

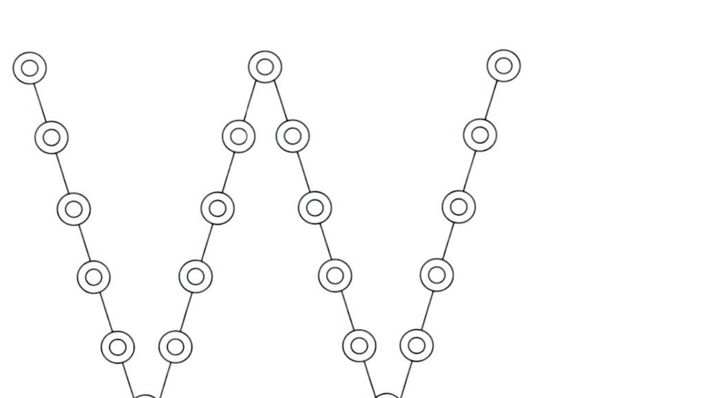

도안 설명은 스티치→실 번호→(실의 가닥 수)로 표기했습니다.
예) 새틴s 928(2) : 928번 실 2가닥으로 새틴 스티치를 합니다.

소 문 자

사용한 원단 린넨(화이트)

사용한 실 DMC 디아망뜨 : D3852

DMC 25번사 : 210, 304, 413, 550, 699, 718, 744, 796, 915, 3689, 3812, 3844, 3853

사용한 스티치 레이지 데이지 스티치, 스트레이트 스티치, 스플릿 스티치, 프렌치 노트 스티치

수놓기

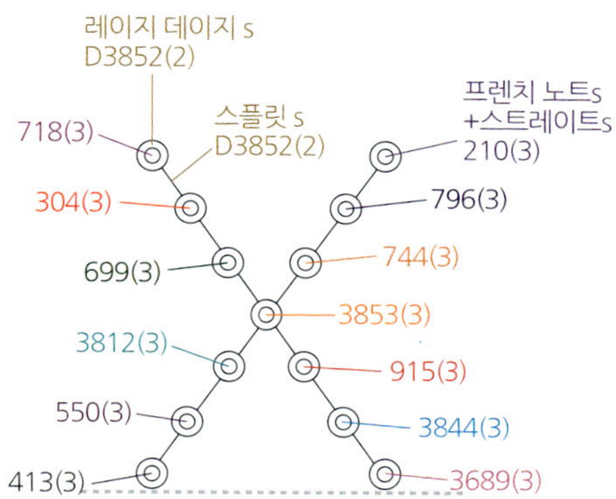
레이지 데이지 s
D3852(2)
718(3)
스플릿 s
D3852(2)
프렌치 노트s
+스트레이트s
210(3)
304(3)
796(3)
699(3)
744(3)
3853(3)
3812(3)
915(3)
550(3)
3844(3)
413(3)
3689(3)

도안

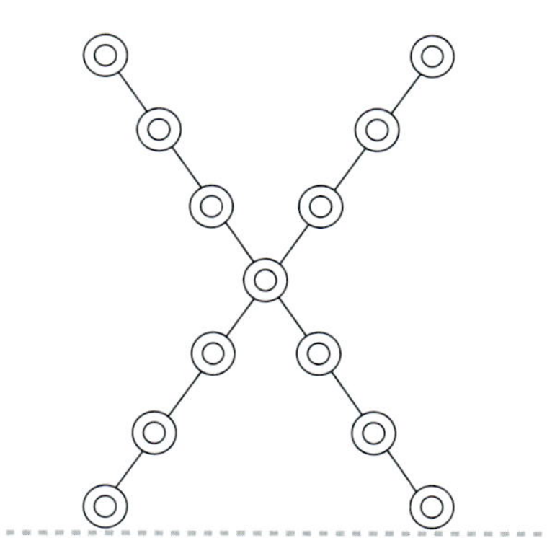

도안 설명은 스티치→실 번호→(실의 가닥 수)로 표기했습니다.
예) 새틴s 928(2) : 928번 실 2가닥으로 새틴 스티치를 합니다.

소 문 자

사용한 원단	린넨(화이트)
사용한 실	DMC 디아망뜨 : D3852 DMC 25번사 : 210, 225, 304, 413, 550, 699, 718, 744, 796, 915, 3689, 3844, 3853, B5200
사용한 스티치	레이지 데이지 스티치, 스트레이트 스티치, 스플릿 스티치, 프렌치 노트 스티치

수놓기

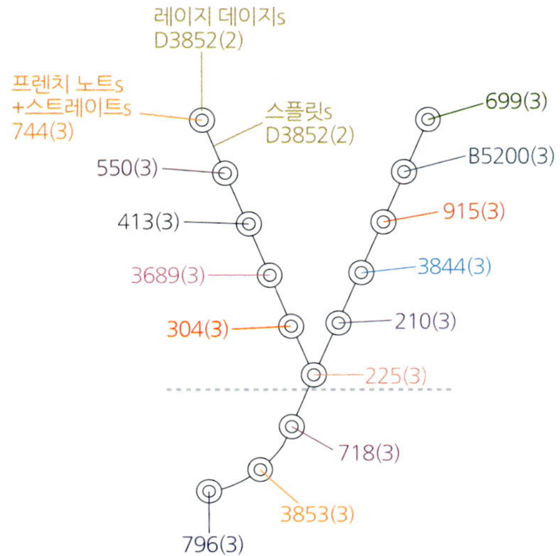
레이지 데이지s
D3852(2)
프렌치 노트s
+스트레이트s
744(3)
스플릿s
D3852(2)
699(3)
550(3)
B5200(3)
413(3)
915(3)
3689(3)
3844(3)
304(3)
210(3)
225(3)
718(3)
3853(3)
796(3)

도안

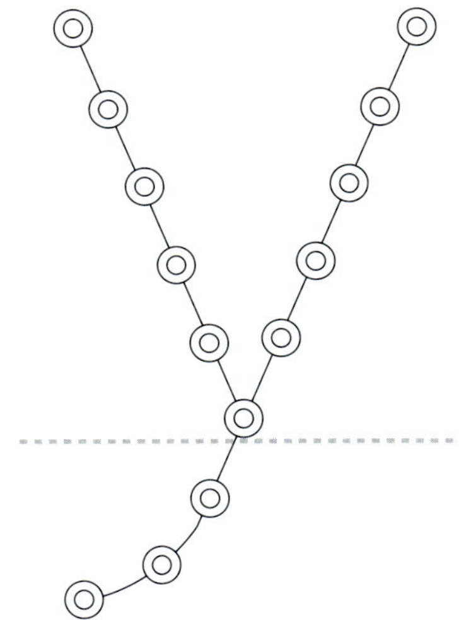

도안 설명은 스티치→실 번호→(실의 가닥 수)로 표기했습니다.
예) 새틴s 928(2) : 928번 실 2가닥으로 새틴 스티치를 합니다.

Z

소 문 자

사용한 원단	린넨(화이트)
사용한 실	DMC 디아망뜨 : D3852
	DMC 25번사 : 225, 304, 413, 550, 699, 744, 796, 915, 3689, 3812, 3844, 3853
사용한 스티치	레이지 데이지 스티치, 스트레이트 스티치, 스플릿 스티치, 프렌치 노트 스티치

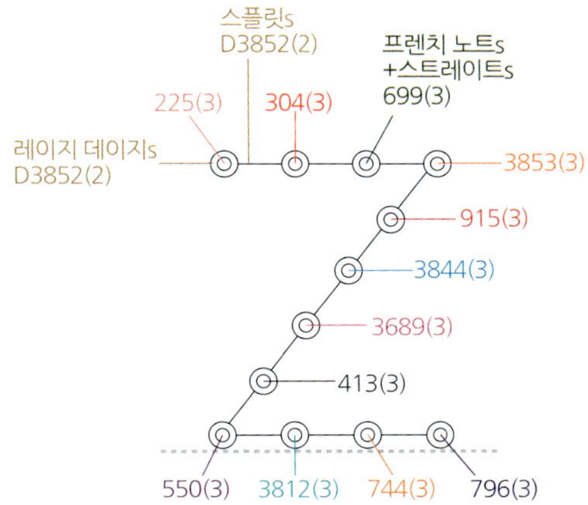
스플릿s
D3852(2)
프렌치 노트s
+스트레이트s
699(3)
225(3)
304(3)
레이지 데이지s
D3852(2)
3853(3)
915(3)
3844(3)
3689(3)
413(3)
550(3)
3812(3)
744(3)
796(3)

도안

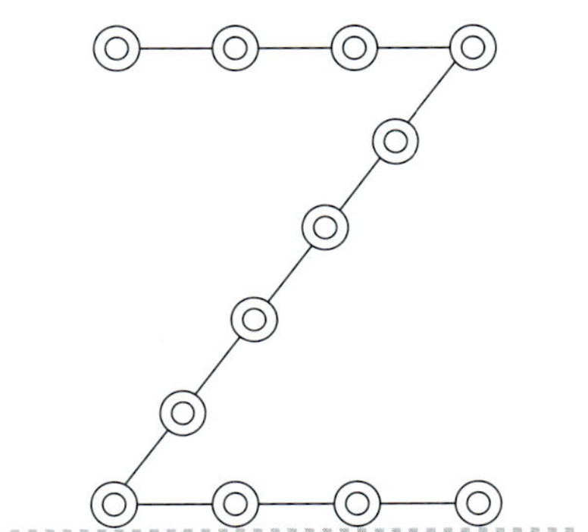

도안 설명은 스티치→실 번호→(실의 가닥 수)로 표기했습니다.
예) 새틴s 928(2) : 928번 실 2가닥으로 새틴 스티치를 합니다.

a b c d e

f g h i j k

l m n o p

q r s t u v

w x y z

금사로 수놓는 보석 같은 알파벳 자수

초판 1쇄 발행 2020년 9월 2일

지은이 김수현(애기할멈)
펴낸이 이지은 **펴낸곳** 팜파스
기획 · 진행 이진아 **편집** 정은아
디자인 조성미
마케팅 김민경, 김서희
인쇄 케이피알커뮤니케이션

출판등록 2002년 12월 30일 제10-2536호
주소 서울시 마포구 어울마당로5길 18 팜파스빌딩 2층
대표전화 02-335-3681 **팩스** 02-335-3743
홈페이지 www.pampasbook.com | blog.naver.com/pampasbook
페이스북 www.facebook.com/pampasbook2018
인스타그램 www.instagram.com/pampasbook
이메일 pampas@pampasbook.com

값 18,000원
ISBN 979-11-7026-354-8 (13590)

이 도서의 국립중앙도서관 출판시도서목록(CIP)은 서지정보유통지원시스템 홈페이지(http://seoji.nl.go.kr)와 국가자료공동목록시스템(http://www.nl.go.kr/kolisnet)에서 이용하실 수 있습니다.(CIP제어번호: CIP2020032618)